# ANSIEDAD

## Alimentos y Plantas Medicinales

**Isabel M. Rivero**

# AVISO LEGAL Y CREDITOS

**ANSIEDAD. Alimentos y Plantas Medicinales.**
**Copyright ©2018 Isabel M. Rivero**
Todos los derechos reservados

Cuarta edición, ampliada: Septiembre 2024
Diseño de portada: Valeria Veretennikova
Fotografías de: Buntysmum y ReinhardThrainer via Pixabay

Este libro proporciona información general y no sustituye el asesoramiento médico profesional. Ni el editor ni la autora serán responsables de daños de cualquier tipo derivados del uso de este contenido. El lector asume la responsabilidad total por sus decisiones, acciones y resultados.

Este libro debe utilizarse únicamente como referencia y nunca como un manual médico. Su propósito es ayudarle a tomar decisiones informadas sobre su salud. No pretende sustituir ningún tratamiento que su médico le haya indicado.

# Prólogo: Una Guía para el Bienestar

Queridas lectoras y lectores,

¡Bienvenidos a este viaje hacia una mejor salud! Desde que comencé a compartir mis conocimientos y experiencia, mi mayor motivación ha sido poder contribuir de manera positiva a sus vidas. Por eso, a través de estas páginas, quiero ofrecerles información valiosa y recursos prácticos que realmente puedan ayudarles a sentirse mejor.

En este libro, cada consejo y remedio ha sido cuidadosamente seleccionado por su efectividad comprobada y facilidad de aplicación en el día a día. Encontrarán no solo plantas medicinales, suplementos y alimentos accesibles, sino también información médica detallada sobre este problema de salud, consejos adicionales y respuestas a las preguntas más frecuentes, para que tengan una guía práctica, completa y confiable.

Mi meta es que esta obra sea su compañera valiosa y práctica, un recurso donde hallarán herramientas concretas para acompañarles en su camino hacia una vida más saludable y plena. Saber que este trabajo tiene un impacto positivo me llena de alegría y me motiva a seguir adelante. Aunque escribir requiere esfuerzo, tiempo y constancia, comprobar que mis libros marcan una diferencia real en sus vidas es mi mayor recompensa.

Y porque sus experiencias son mi mayor fuente de inspiración, me encantaría que me escribieran contándome sobre sus avances. Pueden contactarme a través de mi correo electrónico: **isabelmriveror@gmail.com**, donde estaré encantada de leer sus historias y comentarios.

Espero de corazón que esta guía práctica se convierta en su pilar indispensable en el camino hacia una mejor salud y bienestar. Gracias por permitirme ser parte de vuestra vida.

Con cariño,

Isabel

# INTRODUCCIÓN

En el camino hacia una salud plena, es vital entender que ningún remedio "milagroso" –ya sea un medicamento, planta, suplemento o alimento– puede resolver una enfermedad por sí solo. Centrarse únicamente en aliviar los síntomas, sin tratar la causa subyacente, suele conducir a recaídas frecuentes. En cambio, abordar la raíz del problema no solo reduce los síntomas gradualmente, sino que fomenta una recuperación sostenible y duradera.

Quizá en algún momento hayas sentido frustración porque ciertos tratamientos no funcionaron como esperabas. Esto ocurre porque la verdadera restauración de la salud requiere un enfoque integral que atienda la causa real del problema. Este enfoque no solo incluye tratamientos efectivos, sino también mejoras en la alimentación, un sueño reparador, la gestión adecuada del estrés y un estilo de vida saludable. Estos pilares fortalecen el proceso de recuperación y maximizan la capacidad natural del cuerpo para sanar.

Este libro es una guía hacia esa filosofía integral de salud. Desde el primer capítulo, aprenderás a identificar las causas principales asociadas con esta patología, reconocer sus síntomas, los distintos tipos, señales de alerta, posibles complicaciones y pruebas médicas clave para obtener un diagnóstico preciso. A partir de ahí, capítulos dedicados a la alimentación, menús recomendados y enfoques naturales, como suplementos y remedios herbales, te guiarán hacia un progreso constante en tu bienestar.

El capítulo **"Plan práctico recomendado"** reúne de forma sencilla y accesible los elementos esenciales de este enfoque integral. Desde ahí, tendrás la libertad de adaptar y seleccionar las estrategias que mejor se ajusten a tus necesidades y preferencias.

Todas las recomendaciones de este libro están respaldadas por evidencia científica. No son opiniones ni soluciones improvisadas, sino información verificada. Al final encontrarás una bibliografía que respalda su contenido.

# LA ANSIEDAD

La ansiedad es mucho más que un simple malestar pasajero; es una experiencia compleja que afecta tanto al cuerpo como a la mente. Puede sentirse como un peso invisible que te acompaña y, a veces, resulta difícil de explicar. ¿Te ha sucedido que notas un nudo en el estómago antes de una entrevista, un examen importante o al enfrentarte a un cambio inesperado? Esa reacción es completamente normal. De hecho, forma parte de una respuesta natural de nuestro organismo diseñada para protegernos, ayudándonos a mantenernos alerta y a enfrentar desafíos o posibles peligros.

Sin embargo, ¿qué pasa cuando estas emociones no desaparecen, sino que crecen hasta volverse abrumadoras o inexplicables? Cuando comienzan a interferir con tu día a día, dejando atrás la tranquilidad, todo puede sentirse cuesta arriba. En ese punto, este estado deja de ser una reacción natural y se convierte en un verdadero trastorno emocional que requiere atención. Actividades cotidianas como salir a comprar, enviar un correo o asistir a una reunión pueden transformarse en desafíos enormes y aparentemente insalvables.

Esta afección puede presentarse de diversas formas, dependiendo de cómo impacta a cada persona. El Trastorno de Ansiedad Generalizada (TAG) se caracteriza por una preocupación constante y excesiva por cuestiones cotidianas, como tareas diarias o situaciones futuras que aún no ocurren. Los ataques de pánico, en cambio, son episodios repentinos de miedo extremo, acompañados de síntomas físicos como palpitaciones, mareos o dificultad para respirar, dejando una sensación de peligro inminente aunque no exista un riesgo real. El Trastorno de Ansiedad Social aparece como un miedo persistente a interactuar con otros, por temor al juicio o la humillación. Por su parte, el Trastorno de Estrés Postraumático (TEPT) está relacionado con la revivencia constante de eventos traumáticos, generando una sensación permanente de amenaza. Finalmente, las fobias específicas son miedos intensos e irracionales hacia objetos o situaciones concretas, como alturas, ciertos animales o volar.

Vivir con este trastorno no solo afecta los pensamientos; también repercute profundamente en el cuerpo. Nuestra mente y organismo parecen quedar atrapados en un estado de "emergencia permanente". Una parte del cerebro llamada amígdala, conocida como nuestra "alarma emocional", puede confundirse y activar respuestas de alerta incluso ante situaciones que no representan peligro real. Esto altera también el trabajo del hipocampo, que intensifica recuerdos negativos, mientras que la corteza prefrontal, encargada de razonar y tomar decisiones, pierde efectividad para calmar las emociones, dejando a la persona afectada con una sensación de descontrol.

A nivel físico, esta activación constante provoca la conocida reacción de "lucha o huida". El corazón late más rápido, la respiración se acelera, los músculos se tensan y todo el cuerpo permanece alerta. Si bien estas respuestas son útiles para enfrentar amenazas reales, cuando ocurren repetitivamente o sin motivo aparente, terminan desgastando el cuerpo y la mente. Este estado persistente también puede alterar el equilibrio de hormonas y neurotransmisores, como la serotonina y el GABA, fundamentales para regular las emociones y afrontar el día a día.

Las razones detrás de la ansiedad son variadas, y no se deben a un solo motivo. Factores genéticos pueden predisponer a ciertas personas, mientras que las experiencias de vida, como traumas o entornos estresantes, influyen significativamente. Los patrones de pensamiento repetitivo y negativo, como las rumiaciones, también contribuyen a mantener viva esta condición, creando ciclos difíciles de romper.

Reconocer los síntomas es clave para enfrentarlos. Desde palpitaciones, tensión muscular y sudor frío hasta molestias estomacales y alteraciones en el sueño, todos estos son signos legítimos de un cuerpo que intenta protegerse. Este estado prolongado puede ir acompañado de otros problemas, como la depresión, complicando aún más la experiencia.

Aunque vivir con este padecimiento puede ser desafiante, existen herramientas eficaces para enfrentarlo. Uno de los enfoques terapéuticos más utilizados es la terapia cognitivo-conductual (TCC), que ayuda a identificar y transformar aquellos pensamientos que lo alimentan. A esto se suma el impacto positivo de realizar cambios en el estilo de vida: practicar ejercicio físico, técnicas de respiración, mindfulness, y mantener una alimentación equilibrada son grandes aliados para reducir el estrés. Contar con una red de apoyo, ya sea de amigos, familiares o grupos terapéuticos, también aporta un respaldo emocional invaluable en el proceso.

Superar este trastorno es un camino que requiere paciencia, pero cada paso cuenta. Con el apoyo adecuado y estrategias eficaces, es posible recuperar el control, disfrutar la tranquilidad y redescubrir el bienestar. Este libro se convierte en una guía completa, ofreciendo no solo información médica sobre este problema: su definición, tipos, causas, síntomas y tratamientos; sino también enfoques complementarios como suplementos nutricionales, plantas medicinales y consejos prácticos para mejorar tu alimentación.

No estás sola/o en esto, y merece la pena luchar por una vida más plena, libre del peso de la ansiedad. Cada esfuerzo te acerca un poco más a ese objetivo, y este libro puede ser tu guía hacia una versión más feliz, serena y equilibrada de ti misma/o. ¡Anímate a dar el primer paso hacia tu bienestar!

## Diferencia entre trastorno de ansiedad y ataque de ansiedad

El trastorno de ansiedad y el ataque de ansiedad son conceptos distintos que, aunque están relacionados, no deben confundirse. Comprender sus diferencias es fundamental para entender mejor lo que estás experimentando y dar el primer paso hacia afrontarlo de manera efectiva. Aunque ambas situaciones pueden ser difíciles de sobrellevar, es importante saber que no estás solo y que existen estrategias y tratamientos que pueden ayudarte.

El **trastorno de ansiedad** es una condición de salud mental caracterizada por una preocupación constante, excesiva y persistente, que puede resultar difícil de controlar. Las personas que lo padecen suelen sentirse atrapadas en un ciclo de angustia, incluso ante situaciones que, en apariencia, no representan una amenaza. Esta ansiedad crónica puede afectar profundamente la vida diaria, interfiriendo en el trabajo, las relaciones personales y las actividades cotidianas. Entre los tipos más frecuentes se encuentran el trastorno de ansiedad generalizada (TAG), definido por preocupaciones múltiples e incesantes; el trastorno de pánico, que se caracteriza por ataques repentinos de miedo extremo; el trastorno de estrés postraumático (TEPT), que surge como respuesta a eventos traumáticos, y la fobia social, que implica un intenso temor a interactuar en contextos sociales.

Por otro lado, un **ataque de ansiedad**, también conocido como crisis de ansiedad, es un episodio puntual y breve de ansiedad extrema que suele aparecer súbitamente. Aunque cada persona lo experimenta de manera diferente, los ataques de ansiedad tienen una duración limitada, que va desde unos minutos hasta unas pocas horas. Sus síntomas suelen ser muy notables y pueden incluir: palpitaciones aceleradas, temblores, sudoración, mareos, sensación de asfixia, opresión en el pecho y, en ocasiones, miedo abrumador a perder el control o incluso a morir. A diferencia del trastorno de ansiedad, los ataques de ansiedad son eventos agudos y transitorios, aunque pueden resultar extremadamente angustiosos. Es importante destacar que las personas con trastornos de ansiedad, en especial aquellas con trastorno de pánico, suelen experimentar ataques de forma más habitual.

En conclusión, mientras que el trastorno de ansiedad se presenta como una condición persistente y generalizada de preocupación y temor, el ataque de ansiedad es un evento intenso pero pasajero, aunque igualmente puede ser muy impactante. Ambos son experiencias válidas que, con el apoyo adecuado, pueden manejarse y superarse.

## Síntomas de trastorno de ansiedad

El trastorno de ansiedad es una condición de salud mental que se distingue por una sensación constante y excesiva de preocupación o temor, ya sea ante situaciones específicas o incluso sin una causa aparente. Sus manifestaciones pueden ser muy variadas y afectan a cada persona de manera diferente, combinando síntomas de tipo físico, emocional y cognitivo. A continuación, exploramos los síntomas más comunes para ayudarte a identificarlos y comprender mejor esta condición.

▸ **Síntomas físicos**
  - Palpitaciones aceleradas del corazón.
  - Sensación de falta de aire o dificultad para respirar.
  - Sudoración excesiva.
  - Temblores o sacudidas.
  - Sensación de opresión o malestar en el pecho.
  - Mareos o sensación de desmayo.
  - Problemas gastrointestinales.
  - Tensión muscular o dolores musculares.
  - Fatiga o debilidad.

▸ **Síntomas emocionales**
  - Sensación constante de aprensión o nerviosismo.
  - Miedo intenso o temor irracional.
  - Sensación de estar al borde o en constante alerta.
  - Irritabilidad o impaciencia.
  - Dificultad para concentrarse.
  - Tener la mente en blanco.

- Sensación de pérdida de control.
- Miedo a perder la cordura o volverse loco.
- Preocupación excesiva por eventos o situaciones.

▸ **Síntomas cognitivos**
  - Pensamientos recurrentes y preocupantes.
  - Dificultad para controlar o detener pensamientos.
  - Tendencia a anticipar lo peor en situaciones.
  - Atención excesiva a las señales de peligro.
  - Dificultad para tomar decisiones.
  - Inseguridad o falta de confianza en uno mismo.

▸ **Síntomas de evitación**
  - Evitar situaciones que desencadenan ansiedad.
  - Evitar lugares o actividades que generan malestar.
  - Evitar el contacto social o situaciones de interacción.
  - Dificultad para enfrentar o superar miedos o situaciones.

▸ **Síntomas del sueño**
  - Dificultad para conciliar el sueño o mantenerlo.
  - Pesadillas o sueños perturbadores.
  - Sensación de cansancio al despertar.
  - Inquietud durante la noche.

▸ **Síntomas relacionados con el pensamiento**
  - Preocupación constante y excesiva.
  - Dificultad para relajarse.
  - Rumiar pensamientos negativos o catastrofistas.
  - Dificultad para concentrarse.
  - Hiperactividad mental.

▸ **Síntomas de respuesta de lucha o huida**
  - Respuesta de activación extrema frente a situaciones.
  - Aumento de la frecuencia cardíaca y la presión arterial.
  - Respiración rápida y superficial.
  - Sudoración excesiva.
  - Dilatación de las pupilas.
  - Tensión muscular.

▸ **Síntomas sociales**
  - Miedo o ansiedad intensa en situaciones sociales.
  - Sensación de ser juzgado o evaluado por los demás.
  - Evitar situaciones sociales o sentirse incómodo.
  - Preocupación excesiva por decir algo incorrecto.

▸ **Síntomas de hiperactividad**
  - Inquietud o sensación constante de estar nervioso.

- Dificultad para relajarse o quedarse quieto.
- Necesidad de estar ocupado todo el tiempo.
- Hablar rápidamente o en exceso.

▸ **Síntomas de irritabilidad**
- Cambios de humor frecuentes.
- Sentirse fácilmente frustrado o molesto.
- Dificultad para controlar la irritabilidad o la ira.
- Tendencia a reaccionar de manera exagerada.

▸ **Síntomas de despersonalización o desrealización**
- Sensación de estar separado de uno mismo.
- Sentirse como si estuviera en un sueño.
- Sensación de irrealidad o extrañeza con el entorno.
-  Distorsión de la percepción de objetos.

▸ **Síntomas de hipervigilancia**
- Estar constantemente alerta o en estado de vigilancia.
- Sobresaltarse fácilmente ante estímulos cotidianos.
- Sentir una sensación constante de peligro inminente.
- Dificultad para relajarse o sentirse seguro.

Recuerda que estos síntomas pueden variar de una persona a otra, y es posible que no todos se presenten. Además, los síntomas pueden ser intermitentes; es decir, pueden manifestarse y desaparecer en diferentes momentos.

## Las crisis o ataques de ansiedad o de pánico

Las crisis de ansiedad, también llamadas ataques de pánico, son episodios repentinos y abrumadores de miedo o malestar intenso que pueden aparecer de forma súbita, sin previo aviso. Estas experiencias suelen ir acompañadas de una intensa sensación de intranquilidad, junto con una combinación de manifestaciones físicas, mentales y emocionales que pueden resultar desbordantes, pero son más habituales de lo que mucha gente cree.

Aunque todavía existe cierto estigma en torno a esta condición, lo cierto es que las crisis de ansiedad son una realidad común que puede afectar a personas de cualquier edad, género o contexto de vida. Para quienes las sufren, el miedo constante a un nuevo episodio es frecuente. Este temor puede propiciar un ciclo de ansiedad anticipatoria que limita progresivamente el día a día, generando preocupaciones excesivas y, en algunos casos, aislando emocionalmente a quien lo padece.

Durante una crisis de ansiedad, es habitual experimentar síntomas físicos que pueden ser muy intensos, como palpitaciones aceleradas, sudoración excesiva, dificultad para respirar, mareos, temblores y una fuerte sensación de opresión en el pecho. Estos síntomas son tan impactantes que muchas personas sienten que están sufriendo un infarto o perdiendo el control de su cuerpo, lo que agrava aún más la experiencia.

A estos síntomas físicos se les suman manifestaciones cognitivas y emocionales igualmente abrumadoras. Pensamientos acelerados, miedo irracional a morir, a volverse loco o a perder el control, dificultad para concentrarse y una sensación de irrealidad o desconexión del entorno son algunos ejemplos. Estas emociones, como el terror extremo, la desesperanza o el sentimiento de impotencia, pueden intensificar aún más la sensación de vulnerabilidad durante el episodio.

Es importante recordar que las crisis de ansiedad son experiencias profundamente personales y su forma de manifestarse puede variar ampliamente de una persona a otra. Mientras algunas personas las viven de manera esporádica, otras enfrentan episodios recurrentes que impactan significativamente su calidad de vida. Sus causas pueden ser igual de diversas: desde momentos de estrés extremo o traumas del pasado, hasta problemas sociales o incluso situaciones donde no parece haber un desencadenante evidente.

A pesar de lo angustiante que puede ser una crisis de ansiedad, es crucial tener presente que existen soluciones efectivas para enfrentarlas. La terapia cognitivo-conductual (TCC) destaca como uno de los tratamientos más exitosos, ayudando a las personas a identificar y transformar los pensamientos y comportamientos negativos que alimentan la ansiedad. Además, en ciertos casos, el apoyo de tratamientos naturales complementarios puede ser un recurso valioso, aliviando los síntomas intensos y facilitando el proceso de recuperación. Lo más importante: no estás sola/o, y hay formas de recuperar el control y mejorar tu bienestar.

## Síntomas de ataques de ansiedad o de pánico

Los ataques o crisis de pánico pueden manifestarse de manera repentina, alcanzando su máxima intensidad en tan solo unos minutos y provocando una sensación desbordante de angustia. A continuación, se presentan los posibles síntomas que pueden experimentarse:

▸ **Síntomas físicos:**
  - Palpitaciones o ritmo cardíaco acelerado.

- Sensación de opresión o dolor en el pecho.
- Dificultad para respirar o sensación de falta de aire.
- Mareos o vértigo.
- Temblores o sacudidas corporales.
- Sudoración excesiva.
- Sensación de sofoco o falta de aire.
- Náuseas o malestar estomacal.
- Sensación de debilidad o desmayo.
- Sensación de entumecimiento en las extremidades.

▸ **Síntomas emocionales:**
- Miedo intenso o sensación de terror.
- Sensación de estar fuera de control.
- Miedo a morir o perder la cordura.
- Inquietud o nerviosismo constantes.
- Sensación de impotencia o desesperanza.
- Sensación de irrealidad.
- Sensación de estar separado del entorno.

▸ **Síntomas cognitivos:**
- Pensamientos acelerados.
- Dificultad para concentrarse.
- Sensación de que va a suceder algo terrible.
- Preocupación excesiva o anticipación ansiosa.
- Pensamientos catastróficos o de perder el control.
- Sensación de irrealidad o desconexión de la realidad.
- Dificultad para tomar decisiones.
- Dificultad para pensar con claridad.

▸ **Síntomas conductuales:**
- Agitación o inquietud motora.
- Evitación de las situaciones temidas.
- Aislamiento social o dificultad para relacionarse.
- Llanto o expresiones de angustia emocional.

▸ **Síntomas relacionados con el sueño:**
- Dificultad para conciliar el sueño o mantenerlo.
- Pesadillas o sueños vívidos y perturbadores.
- Despertar de madrugada con sensación de ansiedad.
- Sensación de fatiga o somnolencia durante el día.

▸ **Síntomas gastrointestinales:**
- Malestar estomacal, sensación de ardor o acidez.
- Diarrea o estreñimiento.
- Sensación de nudo en el estómago.
- Dolor abdominal o molestias intestinales.

▸ **Síntomas musculares:**

- Tensión muscular, en el cuello, hombros o mandíbula.
- Dolores musculares o sensación de rigidez.
- Temblores o sacudidas musculares.

Es importante señalar que los ataques de ansiedad pueden diferir tanto en intensidad como en la combinación de síntomas que se manifiestan. Mientras que algunas personas pueden experimentar una amplia variedad de síntomas, otras pueden presentar únicamente algunos más concretos.

## ¿Qué hacer ante un ataque de ansiedad?

Enfrentar una crisis de ansiedad o pánico puede ser una experiencia intensa y abrumadora. Sin embargo, ten presente que existen herramientas a tu alcance para afrontarla y salir adelante. Aquí tienes una guía clara y práctica con estrategias efectivas. Experimenta con ellas y quédate con las que mejor se adapten a tus necesidades:

‣ **Reconoce y acepta lo que te está ocurriendo**: El primer paso es tomar conciencia de que estás experimentando una crisis de ansiedad. Reconocer que los síntomas son una respuesta temporal y natural de tu cuerpo te ayudará a reducir el temor que puedan generar. Recuerda siempre: aunque sean muy incómodos e intensos, *no representan un peligro real para tu vida* ni tu bienestar físico.

‣ **Técnica 4-4-4**: La respiración es una herramienta poderosa para calmar el cuerpo y reducir la intensidad de los síntomas de ansiedad. Un método efectivo es el 4-4-4, que consiste en inhalar lenta y profundamente por la nariz mientras cuentas hasta 4, retener el aire durante 4 segundos y exhalar lentamente por la boca durante 4 segundos. Este patrón ayuda a regular el ritmo cardíaco y a tranquilizar tu sistema nervioso. Puedes repetir este ejercicio hasta sentirte más relajada/o.

‣ **Respiración abdominal**: Otra técnica útil es la respiración diafragmática o abdominal, la cual fomenta una respiración más profunda y efectiva. Para practicarla, coloca una mano sobre tu pecho y la otra sobre tu abdomen. El objetivo es asegurarte de que sea tu **abdomen** el que se expanda al inhalar lentamente, no tu pecho. Este ejercicio permite que el oxígeno llegue mejor a tu cuerpo, ayudando a disminuir la sensación de ansiedad.

‣ **Distráete con actividades simples**: Darle a tu mente algo sencillo en lo que concentrarse puede ayudarte a desviar el foco de los síntomas. Intenta, por ejemplo, contar hacia atrás desde 100 en intervalos de tres, cantar una canción en voz baja o realizar algún juego mental sencillo (por ejemplo, nombrar ciudades o animales alfabéticamente). Esto puede romper el ciclo de pensamientos ansiosos.

‣ **Regla 5-4-3-2-1: Técnica de conexión con el presente:** Las técnicas de grounding o conexión con el presente te ayudan a centrarte en el momento actual y a desactivar pensamientos ansiosos. Una de las más efectivas es la regla 5-4-3-2-1, que consiste en:

- ‣ Identifica 5 cosas que puedes **ver**
- ‣ nombra 4 cosas que puedes **tocar**
- ‣ escucha 3 **sonidos** a tu alrededor
- ‣ detecta 2 **olores** distintos
- ‣ Concéntrate en 1 **sabor** o sensación en tu boca

Este ejercicio te ancla a la realidad y desvía tu atención de los pensamientos negativos.

‣ **Contacto con objetos**: Otra estrategia útil es utilizar el contacto con objetos cercanos. Toca algo que tengas a mano, como el respaldo de una silla, una prenda o una taza. Concéntrate en la textura, la temperatura y el peso del objeto para traer tu mente al momento presente y reducir la ansiedad.

‣ **Realiza movimientos o ejercicios suaves**: A veces, liberar tensión física puede aliviar el estrés asociado con la ansiedad. Prueba caminar lentamente, estirarte suavemente, hacer círculos con los hombros o apretar y soltar las manos. Estos pequeños movimientos pueden ayudarte a redirigir la energía acumulada de forma positiva.

‣ **Busca un lugar tranquilo y seguro**: Si la situación y el entorno lo permiten, intenta alejarte de los estímulos que puedan intensificar tu ansiedad. Encuentra un espacio donde te sientas cómodo y protegido. Este pequeño cambio puede ayudarte a recuperar algo de calma y a favorecer la sensación de seguridad.

‣ **Pide ayuda si la necesitas**: No temas recurrir al apoyo de las personas que son importantes para ti. Hablar con alguien cercano, aunque sea para expresar cómo te sientes, puede brindarte calma y sensación de acompañamiento. Si lo consideras necesario, no dudes en buscar ayuda profesional, ya que ellos cuentan con herramientas especializadas para ayudarte.

Un recordatorio final: Cada persona reacciona de manera distinta, y lo que ayuda a uno podría no funcionar igual para otro. No te exijas demasiado durante una crisis. Lo más importante es que seas paciente y amable contigo mismo, porque este malestar, aunque intenso, es siempre temporal. Con las herramientas adecuadas y tiempo, serás capaz de superar cada uno de estos momentos difíciles. ¡Confía en tu capacidad para sobreponerte y en la fortaleza que llevas dentro!

## Tipos de trastornos de ansiedad

Los trastornos de ansiedad son un grupo de afecciones de salud mental que se distinguen por la aparición de ansiedad intensa, persistente y, a menudo, desproporcionada, la cual interfiere significativamente en la vida diaria de quienes los padecen. Estas condiciones pueden manifestarse de diversas maneras, dependiendo del tipo de trastorno, cada uno con características y síntomas específicos que afectan distintas áreas del funcionamiento emocional y físico. A continuación, se describen los tipos más comunes de trastornos de ansiedad.

‣ **Trastorno de ansiedad generalizada (TAG)**: El TAG se caracteriza por una ansiedad excesiva y preocupación constante sobre una amplia gama de situaciones y problemas. Las personas con TAG suelen tener dificultades para controlar sus preocupaciones y pueden experimentar síntomas físicos como tensión muscular, fatiga, dificultad para concentrarse y problemas de sueño.

‣ **Trastorno de pánico**: El trastorno de pánico se caracteriza por la aparición repentina e intensa de ataques de pánico recurrentes. Durante un ataque de pánico, una persona puede experimentar síntomas físicos y emocionales abrumadores, como palpitaciones, dificultad para respirar, mareos, miedo a morir o volverse loco. Estos ataques de pánico pueden ocurrir de manera inesperada y pueden llevar a un miedo constante de tener otro ataque.

‣ **Trastorno de ansiedad social (fobia social)**: El trastorno de ansiedad social se caracteriza por un miedo intenso y persistente a situaciones sociales o de rendimiento en las que la persona pueda ser evaluada o juzgada por otros. Las personas con fobia social pueden experimentar ansiedad anticipatoria significativa antes de las situaciones sociales y pueden evitarlas en su totalidad. Los síntomas pueden incluir enrojecimiento, sudoración, temblores, dificultad para hablar y miedo a ser humillado o avergonzado en público.

▸ **Trastorno de estrés postraumático (TEPT)**: El TEPT es un trastorno de ansiedad que puede desarrollarse después de haber experimentado o presenciado un evento traumático. Las personas con TEPT pueden experimentar flashbacks, pesadillas, evitación de situaciones o estímulos relacionados con el trauma, hipervigilancia y cambios de humor. El TEPT puede tener un impacto significativo en la calidad de vida y el funcionamiento diario de una persona.

▸ **Trastorno de ansiedad por separación**: Este trastorno se caracteriza por una ansiedad excesiva y persistente en relación con la separación de las figuras de apego, como los padres o cuidadores. Las personas con este trastorno pueden tener dificultades para separarse de sus seres queridos y pueden experimentar miedo intenso a la pérdida o al abandono. Los síntomas pueden incluir pesadillas, dolores de estómago, negarse a ir a la escuela o al trabajo y aferrarse a las figuras de apego.

▸ **Trastorno de ansiedad por enfermedad**: Este trastorno se caracteriza por una preocupación excesiva y persistente sobre tener una enfermedad grave, a pesar de la falta de evidencia médica. Las personas con este trastorno suelen estar constantemente preocupadas por los síntomas físicos que experimentan y pueden realizar visitas médicas frecuentes. Esta preocupación excesiva puede interferir en su vida diaria y provocar un malestar significativo.

▸ **Trastorno de ansiedad de ajuste**: Este trastorno se produce como resultado de un estrés o un evento traumático. Las personas con este trastorno pueden experimentar una ansiedad intensa y problemas para adaptarse a los cambios en su vida, como una pérdida, un cambio de trabajo o una mudanza. Los síntomas pueden incluir irritabilidad, dificultad para concentrarse, insomnio y preocupación constante.

▸ **Trastorno de ansiedad nocturna**: También conocido como trastorno de pánico nocturno, este trastorno se caracteriza por la aparición de ataques de pánico durante la noche mientras se duerme. Las personas con este trastorno pueden despertarse repentinamente con síntomas de ansiedad intensa, como palpitaciones, sudoración y dificultad para respirar. Estos ataques de pánico pueden interrumpir el sueño y causar problemas de insomnio.

‣ **Trastorno de ansiedad por fobia específica**: Este trastorno se caracteriza por un miedo intenso y persistente a un objeto o situación específica. Las fobias más comunes incluyen miedo a volar, a las alturas, a los animales, a las agujas o a los espacios cerrados. La exposición a la fobia desencadena una respuesta de ansiedad intensa, que puede llevar a la evitación de la situación o del objeto temido.

## Causas de la ansiedad

La ansiedad puede originarse por una combinación de factores biológicos, psicológicos y ambientales. Algunas de las principales causas y desencadenantes incluyen:

‣ **Factores genéticos**: Existe evidencia de que los genes pueden jugar un papel en la predisposición a la ansiedad. Algunas personas pueden tener una mayor vulnerabilidad genética, lo que significa que tienen una mayor probabilidad de desarrollar ansiedad si poseen antecedentes familiares.

‣ **Factores ambientales**: El entorno en el que crecemos y vivimos también puede contribuir al desarrollo de la ansiedad. Si una persona ha experimentado eventos traumáticos, como abuso, negligencia, violencia o la pérdida de un ser querido, puede aumentar su riesgo de desarrollar trastornos de ansiedad. Además, el estrés crónico en el hogar o en el trabajo, la exposición a situaciones estresantes o la falta de apoyo social también pueden desempeñar un papel en el desarrollo de la ansiedad.

‣ **Desequilibrio químico en el cerebro**: La ansiedad puede estar relacionada con desequilibrios químicos en el cerebro, particularmente en los neurotransmisores que regulan el estado de ánimo y las emociones, como la serotonina, la dopamina y el GABA. Estos desequilibrios pueden afectar la forma en que el cerebro procesa la información y regula las respuestas emocionales, lo que puede contribuir al desarrollo de trastornos de ansiedad.

‣ **Factores de personalidad**: Algunas características de personalidad pueden aumentar el riesgo de desarrollar ansiedad. Las personas que tienden a ser perfeccionistas, tener altos niveles de autoexigencia, ser muy autoexigentes o tener una baja autoestima pueden ser más propensas a experimentar ansiedad. Además, las personas con rasgos de personalidad ansiosa, como la preocupación constante, la necesidad de control y la tendencia a anticipar lo peor, también pueden tener un mayor riesgo de desarrollar trastornos de ansiedad.

‣ **Problemas de salud mental concurrentes**: La ansiedad a menudo se presenta junto con otros trastornos de salud mental, como la depresión, el trastorno bipolar o el trastorno por déficit de atención e hiperactividad (TDAH). Estos trastornos pueden interactuar y aumentar el riesgo de desarrollar ansiedad. Además, ciertas condiciones médicas, como enfermedades cardíacas, tiroides hiperactiva, trastornos neurológicos y dolor crónico, también pueden estar asociadas con la ansiedad.

‣ **Uso de sustancias**: El consumo de sustancias como el alcohol, las drogas ilícitas o los medicamentos recetados puede aumentar el riesgo de desarrollar trastornos de ansiedad. El abuso de sustancias puede alterar el equilibrio químico del cerebro y aumentar la probabilidad de experimentar síntomas de ansiedad.

‣ **Trauma**: Las experiencias traumáticas, como el abuso físico, sexual o emocional, los accidentes graves, el combate militar o los desastres naturales, pueden desencadenar la aparición de trastornos de ansiedad. El trauma puede afectar la forma en que el cerebro procesa la información y responde a situaciones estresantes, lo que puede resultar en ansiedad crónica.

‣ **Factores hormonales**: Las fluctuaciones hormonales pueden desempeñar un papel en el desarrollo de la ansiedad, especialmente en las mujeres. Por ejemplo, el síndrome premenstrual (SPM), la premenopausia y la menopausia pueden estar asociados con un aumento en los síntomas de ansiedad debido a los cambios en los niveles hormonales.

‣ **Condiciones médicas**: Algunas condiciones médicas pueden estar asociadas con la aparición de la ansiedad. Por ejemplo, las enfermedades cardíacas, la enfermedad pulmonar obstructiva crónica (EPOC), el hipertiroidismo y la enfermedad de Parkinson pueden aumentar el riesgo de desarrollar trastornos de ansiedad. Además, ciertos medicamentos utilizados para tratar estas condiciones también pueden tener efectos secundarios que causen ansiedad.

‣ **Factores cognitivos**: Los patrones de pensamiento negativos y distorsionados pueden contribuir a la ansiedad. Por ejemplo, las personas que tienden a interpretar los eventos de manera catastrófica, a preocuparse excesivamente por el futuro o a tener una baja tolerancia a la incertidumbre pueden estar más propensas a experimentar ansiedad. Los pensamientos automáticos negativos, como "todo va a salir mal" o "no puedo manejarlo", pueden perpetuar y amplificar los síntomas de ansiedad.

‣ **Estilo de vida**: El estilo de vida también puede influir en el desarrollo de la ansiedad. La falta de sueño adecuado, una mala alimentación, el consumo excesivo de cafeína o alcohol, la falta de ejercicio y el estrés crónico pueden contribuir a la aparición de la ansiedad. Además, la falta de habilidades de afrontamiento efectivas y la falta de apoyo social también pueden aumentar el riesgo de desarrollar trastornos de ansiedad.

‣ **Aprendizaje y condicionamiento**: La ansiedad también puede ser el resultado de un aprendizaje y condicionamiento negativo. Si una persona ha tenido experiencias negativas en el pasado asociadas con situaciones específicas, como hablar en público o volar en avión, es posible que desarrollen ansiedad anticipatoria en torno a esas situaciones en el futuro. El miedo condicionado puede desencadenar respuestas de ansiedad automáticas y desproporcionadas.

‣ **Estrés crónico**: El estrés crónico, ya sea debido a factores laborales, familiares, económicos u otros, puede contribuir al desarrollo de trastornos de ansiedad. El estrés continuo y abrumador puede sobrecargar al sistema nervioso y aumentar la probabilidad de experimentar síntomas de ansiedad.

‣ **Experiencias de vida significativas**: Los eventos importantes de la vida, como el matrimonio, el divorcio, el embarazo, el cambio de carrera o la mudanza, pueden ser desencadenantes de la ansiedad. Estas transiciones y cambios pueden generar incertidumbre, estrés y preocupaciones, lo que puede aumentar el riesgo de desarrollar ansiedad.

‣ **Modelado y aprendizaje social**: La ansiedad también puede ser aprendida a través de la observación de los demás. Si una persona ha crecido en un entorno donde los miembros de la familia o las figuras de autoridad tenían ansiedad, es posible que haya aprendido patrones de respuesta ansiosa y los haya internalizado.

▸ **Factores sociales y culturales**: Los factores sociales y culturales también pueden contribuir a la ansiedad. Las expectativas sociales y culturales, como la presión por cumplir con ciertos estándares o roles, la discriminación o el ostracismo social, pueden generar estrés y ansiedad en las personas.

▸ **Cambios hormonales**: Además de los cambios hormonales relacionados con el ciclo menstrual y la menopausia, otros cambios hormonales, como los experimentados durante la adolescencia o el embarazo, pueden desencadenar síntomas de ansiedad.

## Posibles complicaciones

*Esta sección tiene como objetivo ofrecer orientación y aclarar posibles riesgos de forma clara, poniendo el foco en la prevención. Así, podrás adoptar medidas proactivas que protejan tu bienestar y eviten complicaciones.*

Los trastornos de ansiedad pueden generar una serie de complicaciones que impactan negativamente la calidad de vida de quienes los padecen. A continuación, se detallan estas posibles consecuencias:

▸ **Impacto en la salud física**: La ansiedad crónica puede tener un impacto negativo en la salud física. Las personas con trastornos de ansiedad a menudo experimentan síntomas físicos como dolores de cabeza, problemas gastrointestinales, tensión muscular, fatiga y problemas de sueño. Además, la ansiedad prolongada puede aumentar el riesgo de desarrollar enfermedades cardíacas, hipertensión arterial y otros problemas de salud física.

▸ **Impacto en la salud mental**: Los trastornos de ansiedad pueden tener un efecto significativo en la salud mental de las personas. La ansiedad crónica puede llevar a la depresión, la disminución de la autoestima y la dificultad para disfrutar de actividades cotidianas. También puede interferir con las relaciones personales, el rendimiento académico o laboral y la capacidad para llevar una vida plena y satisfactoria.

▸ **Aislamiento social**: La ansiedad y las crisis de pánico pueden llevar al aislamiento social. Las personas que experimentan ansiedad a menudo evitan situaciones o lugares que consideran desencadenantes de sus síntomas. Esto puede limitar su participación en actividades sociales y llevar a la pérdida de amistades, dificultades en las relaciones interpersonales y una sensación de soledad.

‣ **Limitaciones en la vida cotidiana**: Los trastornos de ansiedad pueden limitar la capacidad de las personas para llevar una vida normal y funcional. La ansiedad puede interferir con las actividades diarias, como ir al trabajo o a la escuela, hacer compras, conducir o realizar tareas domésticas. Esto puede llevar a una disminución en la calidad de vida y generar frustración y sentimientos de impotencia.

‣ **Dependencia de sustancias**: Algunas personas que experimentan trastornos de ansiedad pueden desarrollar una dependencia de sustancias para hacer frente a sus síntomas. El abuso de alcohol, drogas o medicamentos puede proporcionar un alivio temporal de la ansiedad, pero a largo plazo puede empeorar los síntomas y llevar a problemas de adicción.

‣ **Problemas laborales y académicos**: La ansiedad crónica puede afectar negativamente el desempeño laboral o académico. Las personas con trastornos de ansiedad pueden tener dificultades para concentrarse, tomar decisiones, completar tareas o interactuar con los demás en el entorno laboral o educativo. Esto puede resultar en un bajo rendimiento, dificultades para avanzar en la carrera o el abandono de los estudios.

‣ **Mayor riesgo de otros trastornos mentales**: Las personas con trastornos de ansiedad tienen un mayor riesgo de desarrollar otros trastornos mentales, como depresión, trastornos de sueño, trastornos de alimentación o abuso de sustancias. Estos trastornos pueden interactuar y exacerbarse mutuamente, lo que dificulta el manejo de los síntomas y la recuperación.

‣ **Problemas de sueño**: La ansiedad crónica puede interferir con el sueño y dar lugar a trastornos del sueño como el insomnio. Las personas con ansiedad a menudo tienen dificultades para conciliar el sueño, tienen despertares frecuentes durante la noche o sufren de pesadillas. La falta de sueño adecuado puede empeorar los síntomas de ansiedad y dar lugar a un ciclo negativo en el que la falta de sueño alimenta la ansiedad y viceversa.

‣ **Impacto en las relaciones personales**: Los trastornos de ansiedad pueden afectar negativamente las relaciones personales. La ansiedad puede provocar irritabilidad, cambios de humor, dificultades para comunicarse y la necesidad de evitar ciertas situaciones sociales. Esto puede generar tensiones en las relaciones familiares, de amistad o de pareja, y puede llevar a la sensación de que los demás no entienden o no pueden relacionarse con la ansiedad que se experimenta.

‣ **Dificultades en el ámbito laboral**: La ansiedad crónica puede tener un impacto en el rendimiento laboral. Las personas con trastornos de ansiedad pueden tener dificultades para concentrarse, tomar decisiones, trabajar en equipo o mantener un nivel de productividad constante. Esto puede llevar a problemas laborales, como la pérdida de un empleo o dificultades para avanzar en la carrera profesional.

‣ **Riesgo de suicidio**: En casos graves, los trastornos de ansiedad pueden aumentar el riesgo de suicidio. Las personas con ansiedad crónica y depresión pueden sentirse abrumadas por sus síntomas y experimentar pensamientos suicidas. Es importante que cualquier persona que esté experimentando pensamientos suicidas busque ayuda inmediata a través de una línea de ayuda o acudiendo a un profesional de la salud mental.

‣ **Limitaciones en las actividades diarias**: La ansiedad y las crisis de pánico pueden limitar la capacidad de las personas para realizar actividades diarias. Las personas con ansiedad pueden evitar situaciones que consideran amenazantes o desencadenantes de sus síntomas, lo que puede limitar su vida social, su participación en eventos sociales o su capacidad para disfrutar de actividades recreativas. Esto puede llevar a una sensación de restricción en la vida cotidiana y una disminución en la calidad de vida.

‣ **Impacto económico**: Los trastornos de ansiedad pueden tener un impacto económico significativo. Las personas con ansiedad crónica pueden necesitar tratamiento médico, terapia o medicación, lo que puede suponer un gasto económico considerable. Además, la ansiedad puede interferir con la capacidad para trabajar o mantener un empleo estable, lo que puede dar lugar a dificultades financieras.

‣ **Afectación de la autoestima**: La ansiedad crónica puede afectar negativamente la autoestima de una persona. Los constantes sentimientos de miedo, preocupación y tensión pueden hacer que alguien se sienta inseguro, poco valioso o incapaz de enfrentar los desafíos de la vida. Esto puede llevar a un ciclo negativo en el que la baja autoestima alimenta la ansiedad y viceversa.

‣ **Dificultades en la toma de decisiones**: Las personas con trastornos de ansiedad pueden tener dificultades para tomar decisiones, incluso en situaciones cotidianas. La ansiedad puede hacer que alguien se sienta abrumado por las opciones, temeroso de tomar la decisión incorrecta o incapaz de evaluar adecuadamente las diferentes alternativas. Esto puede generar una sensación de parálisis y frustración.

‣ **Problemas sexuales**: La ansiedad crónica puede afectar la vida sexual de una persona. La ansiedad y las preocupaciones constantes pueden dificultar la capacidad de una persona para relajarse y disfrutar de la intimidad. Además, algunos medicamentos utilizados para tratar la ansiedad pueden tener efectos secundarios sexuales, como disminución del deseo sexual o dificultades para alcanzar el orgasmo.

‣ **Impacto en la crianza de los hijos**: Los trastornos de ansiedad pueden tener un impacto en la crianza de los hijos. El estrés y la preocupación constantes pueden interferir en la capacidad de una persona para cuidar y atender las necesidades de sus hijos. Además, los niños pueden verse afectados por la ansiedad de sus padres y pueden desarrollar ellos mismos problemas de ansiedad.

‣ **Obstáculos en el cumplimiento de metas**: La ansiedad crónica puede dificultar el logro de metas personales y profesionales. Las personas con trastornos de ansiedad pueden sentir miedo de enfrentar desafíos, tomar riesgos o salir de su zona de confort. Esto puede limitar sus oportunidades de crecimiento y desarrollo personal.

‣ **Problemas de alimentación**: Algunas personas con trastornos de ansiedad pueden desarrollar problemas de alimentación como resultado de la ansiedad. El estrés y la ansiedad pueden afectar el apetito y el patrón de alimentación, llevando a la restricción alimentaria, la compulsión alimentaria o la preocupación excesiva por el peso y la forma corporal.

‣ **Empeoramiento de otras condiciones de salud**: Los trastornos de ansiedad pueden empeorar otras condiciones de salud existentes. Por ejemplo, las personas con trastornos de ansiedad tienen un mayor riesgo de sufrir migrañas, enfermedades autoinmunes, trastornos gastrointestinales y dolores crónicos. Además, la ansiedad puede interferir con el manejo y la recuperación de otras condiciones médicas.

# Disminución de los síntomas y prevención

Los trastornos de ansiedad y las crisis de pánico pueden tener un impacto profundo en la calidad de vida de quienes los experimentan, generando malestar tanto emocional como físico. Sin embargo, existen diversas estrategias efectivas para reducir sus síntomas y prevenir su aparición. A continuación, se presentan enfoques clave que pueden marcar una diferencia significativa.

### ‣ Prácticas de relajación para el bienestar

Las prácticas de relajación son fundamentales para aliviar los síntomas de ansiedad y prevenir episodios de pánico. Ejercicios como la respiración profunda, la meditación o el mindfulness son técnicas simples pero poderosas que favorecen la calma y el control de la tensión emocional. Incorporar estas prácticas en tu rutina diaria puede ayudarte a fortalecer la capacidad para manejar situaciones de estrés o ansiedad.

### ‣ Un estilo de vida saludable

El estilo de vida tiene un papel crucial en la gestión de la ansiedad. Establecer una rutina regular de sueño, realizar actividad física constantemente y mantener una alimentación equilibrada son hábitos que fomentan el bienestar. El ejercicio físico, por ejemplo, libera endorfinas que generan una sensación de felicidad y tranquilidad, mientras que una dieta saludable proporciona al cerebro los nutrientes necesarios para su óptimo funcionamiento.

### ‣ Identificación y manejo de factores desencadenantes

Identificar y manejar los factores desencadenantes es otro aspecto esencial para prevenir la ansiedad. Factores como situaciones estresantes, el consumo excesivo de cafeína o alcohol e incluso ciertos alimentos pueden agravar los síntomas. Cada persona es única, por lo que es importante observar cuidadosamente las propias experiencias y tomar medidas para limitar la exposición a estos desencadenantes.

### ‣ Gestión eficaz del estrés diario

La gestión del estrés diario también juega un papel determinante. Desarrollar hábitos como el establecimiento de límites saludables, la delegación eficaz de tareas, una buena organización del tiempo y la dedicación a actividades placenteras puede ayudar a reducir significativamente la carga emocional, disminuyendo así el riesgo de ansiedad recurrente o crisis de pánico.

‣ **El potencial de los remedios naturales**

Por último, los remedios naturales podrían complementar estos enfoques, tanto en la prevención como en la reducción de los síntomas. Este aspecto será explorado en mayor detalle en los capítulos dedicados al tema.

## Consejos sobre fármacos recetados por tu médico

Nunca tomes medicamentos sin la orientación de tu médico, farmacéutico o especialista en salud. Si estás siguiendo un tratamiento farmacológico para la ansiedad, es fundamental no suspenderlo abruptamente sin supervisión médica. Un profesional de la salud te guiará adecuadamente para reducir la dosis de manera gradual y segura, minimizando así el riesgo de recaídas, un posible empeoramiento de los síntomas o la aparición de efectos secundarios relacionados con la abstinencia. Priorizar la supervisión profesional es clave para garantizar tu bienestar.

## Pruebas médicas diagnósticas

El diagnóstico de los trastornos de ansiedad se realiza a través de una variedad de pruebas y evaluaciones diseñadas para ayudar a los profesionales de la salud a identificar la presencia de síntomas y determinar el tipo específico de trastorno. Aunque no existe una prueba única y concluyente para diagnosticarlos, se emplean diversas herramientas y enfoques que permiten realizar una evaluación integral y precisa.

‣ **Entrevista clínica**: La entrevista clínica es una parte fundamental del proceso de evaluación para los trastornos de ansiedad. Durante esta entrevista, el profesional de la salud realizará una serie de preguntas detalladas sobre los síntomas, la duración y la frecuencia de la ansiedad, así como sobre el impacto que tiene en la vida diaria del individuo. Esta información proporcionada por la persona afectada es esencial para comprender mejor la naturaleza y el alcance de los síntomas de ansiedad.

‣ **Cuestionarios y escalas de evaluación**: Los cuestionarios y escalas de evaluación son herramientas estandarizadas que se utilizan para medir los síntomas de ansiedad y evaluar la gravedad de los trastornos de ansiedad. Estas herramientas pueden incluir el Inventario de Ansiedad de Beck (BAI), el Inventario de Ansiedad Estado-Rasgo (STAI), la Escala de Ansiedad y Depresión Hospitalaria (HADS) y el Cuestionario de Salud del Paciente (PHQ-9 y GAD-7). Estos cuestionarios ayudan a recopilar información objetiva sobre los síntomas y a realizar una evaluación más precisa.

▸ **Historial médico y psiquiátrico**: El historial médico y psiquiátrico de la persona afectada también es fundamental para el diagnóstico de los trastornos de ansiedad. El especialista revisará detalladamente el historial médico y psiquiátrico, incluyendo cualquier enfermedad física o mental previa, antecedentes familiares de trastornos de ansiedad y el uso de medicamentos o sustancias que puedan afectar los síntomas de ansiedad.

▸ **Exámenes físicos**: Si bien los trastornos de ansiedad son principalmente trastornos mentales, en algunos casos, los profesionales de la salud pueden realizar exámenes físicos para descartar otras condiciones médicas que puedan estar causando o contribuyendo a los síntomas de ansiedad. Estos exámenes pueden incluir pruebas de laboratorio como análisis de sangre o pruebas de tiroides para detectar posibles trastornos médicos subyacentes.

▸ **Evaluación psicológica**: En algunos casos, puede ser necesario realizar una evaluación psicológica más exhaustiva para identificar los trastornos de ansiedad. Esto puede incluir pruebas psicológicas específicas, como el Inventario Multifásico de Personalidad de Minnesota (MMPI) o el Test de Rorschach, que ayudan a evaluar aspectos más profundos de la personalidad y el funcionamiento psicológico.

▸ **Neuroimágenes**: En algunos casos, se pueden utilizar neuroimágenes, como la resonancia magnética funcional (fMRI) o la tomografía por emisión de positrones (PET), para estudiar los cambios en la actividad cerebral asociados con los trastornos de ansiedad. Estas pruebas pueden ayudar a los profesionales de la salud a comprender mejor cómo funciona el cerebro en personas con trastornos de ansiedad y a identificar posibles anomalías o áreas específicas del cerebro involucradas en estos trastornos.

▸ **Pruebas de laboratorio**: En ocasiones, se pueden solicitar pruebas de laboratorio para descartar otras condiciones médicas que pueden presentar síntomas similares a los trastornos de ansiedad. Estas pruebas pueden incluir análisis de sangre para evaluar la función tiroidea, niveles hormonales o desequilibrios químicos que puedan contribuir a los síntomas de ansiedad.

▸ **Diario de ansiedad**: Mantener un diario de ansiedad puede ser una herramienta útil para registrar los síntomas y los desencadenantes de la ansiedad, así como para evaluar la gravedad y duración de los episodios de ansiedad. Esto puede proporcionar información adicional al profesional de la salud durante el proceso de evaluación y ayudar a identificar patrones o factores desencadenantes específicos de la ansiedad.

▸ **Evaluaciones complementarias**: En algunos casos, se pueden utilizar evaluaciones complementarias, como pruebas de personalidad o evaluaciones psicométricas, para obtener una comprensión más completa de los factores subyacentes que contribuyen a los trastornos de ansiedad. Estas pruebas pueden ayudar a identificar características de personalidad, estilos de afrontamiento o factores de estrés específicos que pueden influir en la ansiedad.

Es fundamental señalar que el diagnóstico de los trastornos de ansiedad es un proceso complejo y multifacético. Dado que cada individuo es único, es posible que se necesiten enfoques personalizados y pruebas de evaluación específicas para garantizar un diagnóstico certero y adaptado a sus necesidades.

# PREGUNTAS Y RESPUESTAS

Sumergirse en el complejo universo de la salud puede ser una experiencia desafiante, especialmente al recibir un diagnóstico que afecta tanto el cuerpo como las emociones. En esos momentos surgen muchas preguntas: ¿Cuáles son las implicaciones? ¿Qué opciones están disponibles? ¿Cómo cambiará mi día a día? Estas y otras inquietudes son frecuentes ante situaciones así. Aquí encontrarás respuestas prácticas y directas que te ayudarán a tomar decisiones informadas con mayor confianza.

Este capítulo nace del deseo de ofrecer acompañamiento y herramientas claras para que afrontes este camino con seguridad. En una era donde la información abunda, pero no siempre es confiable, resulta crucial distinguir entre datos útiles y aquellos que podrían generar confusión. Por eso, he reunido respuestas respaldadas por evidencia para orientarte en medio de la incertidumbre.

El formato de preguntas y respuestas ha sido diseñado pensando en la practicidad, abordando las dudas más recurrentes, tanto de las personas afectadas como de sus familias. Las explicaciones son sencillas, concisas y enfocadas en facilitar decisiones que prioricen tu bienestar.

Aunque la información aquí presentada busca ser útil, no reemplaza el asesoramiento personalizado. En todo momento, es fundamental comunicarte con tu médico para resolver cuestiones específicas que puedan surgir.

A través de estas páginas, espero transmitirte tranquilidad, confianza y un apoyo sólido para enfrentar los desafíos con mayor fortaleza. Mi meta es que este recurso te inspire y te brinde herramientas para enfrentarte con seguridad a esta afección.

## 103 Preguntas y respuestas
### 1. ¿Qué es la ansiedad?
La ansiedad es una respuesta natural del cuerpo ante situaciones de estrés o peligro percibido. Es una sensación de preocupación

o miedo que puede ser leve o intensa. Aunque es normal experimentar ansiedad ocasionalmente, cuando se vuelve frecuente o desproporcionada, puede ser un trastorno de ansiedad.

## 2. ¿Cuáles son los síntomas?
Los síntomas de la ansiedad pueden variar, pero suelen incluir inquietud, nerviosismo, aumento del ritmo cardíaco, sudoración, temblores, dificultades para concentrarse, problemas para dormir y sensaciones de pánico o miedo intenso.

## 3. ¿Puede causar síntomas físicos?
Sí, la ansiedad a menudo se manifiesta a través de síntomas físicos como dolores de cabeza, tensión muscular, mareos, náuseas, palpitaciones y problemas digestivos. Estos síntomas son respuestas del cuerpo al estrés y la preocupación.

## 4. ¿Qué la causa?
La ansiedad puede ser causada por una combinación de factores, que incluyen genética, experiencias de vida estresantes, desequilibrios químicos en el cerebro y factores ambientales. Cada persona puede tener diferentes desencadenantes.

## 5. ¿Es posible tener ansiedad sin causa aparente?
Sí, algunas personas experimentan ansiedad sin una causa clara o desencadenante identificable. En estos casos, puede estar relacionada con desequilibrios químicos en el cerebro o ser una respuesta condicionada a experiencias pasadas.

## 6. ¿Cómo se diagnostica?
El diagnóstico de un trastorno de ansiedad suele implicar una evaluación completa por parte de un profesional de salud mental, que incluirá una revisión de los síntomas, la historia clínica y posiblemente cuestionarios o entrevistas estructuradas para entender mejor la naturaleza y la gravedad de la ansiedad.

## 7. ¿Qué tipos de trastornos de ansiedad existen?
Existen muchos tipos de trastornos de ansiedad. Los más comunes de trastornos de ansiedad incluyen el trastorno de ansiedad generalizada, el trastorno de pánico, el trastorno de ansiedad social, las fobias específicas, el trastorno obsesivo-compulsivo y el trastorno de estrés postraumático.

## 8. ¿Qué es el trastorno de ansiedad generalizada y cómo se diferencia de otros tipos de ansiedad?
El trastorno de ansiedad generalizada (TAG) es una condición caracterizada por preocupaciones excesivas y persistentes sobre diversas áreas de la vida, que son difíciles de controlar y afectan

el funcionamiento normal de la persona. A diferencia de la ansiedad específica, como las fobias, el TAG no se limita a situaciones particulares y suele ser más difuso.

**9. ¿Cómo se trata el trastorno de ansiedad generalizada?**
El TAG se trata mediante terapia cognitivo-conductual, técnicas de manejo del estrés y medicación.

**10. ¿Qué es un ataque de pánico?**
Un ataque de pánico es un episodio repentino de miedo intenso que incluye síntomas físicos como palpitaciones, sudoración, temblores, dificultad para respirar y una sensación de pérdida de control. Los ataques de pánico pueden ser aterradores, pero generalmente no son peligrosos.

**11. ¿Qué es el trastorno de pánico y cómo se trata?**
El trastorno de pánico es un tipo de trastorno de ansiedad caracterizado por ataques de pánico recurrentes e inesperados. Se trata con terapia cognitivo-conductual, técnicas de respiración y relajación y medicación.

**12. ¿Qué es la ansiedad social y cómo se puede abordar?**
La ansiedad social es un trastorno caracterizado por un miedo intenso a situaciones sociales o de desempeño, donde la persona teme ser juzgada, humillada o rechazada. Esto puede llevar a la evitación de situaciones sociales y afectar gravemente la vida diaria. Se puede abordar a través de la terapia cognitivo-conductual, la exposición gradual a situaciones temidas, el desarrollo de habilidades sociales y, en algunos casos, tratamiento.

**13. ¿Qué es el trastorno obsesivo-compulsivo y cómo se relaciona con la ansiedad?**
El trastorno obsesivo-compulsivo (TOC) es una condición de salud mental caracterizada por pensamientos intrusivos y no deseados (obsesiones) que provocan ansiedad, y comportamientos repetitivos o rituales (compulsiones) que la persona siente la necesidad de realizar para aliviar esa ansiedad. Se trata con terapia cognitivo-conductual y, a menudo, medicación.

**14. ¿Qué es el trastorno de estrés postraumático y su relación con la ansiedad?**
El trastorno de estrés postraumático (TEPT) es una condición que se desarrolla después de experimentar o presenciar un evento traumático. Los síntomas incluyen recuerdos intrusivos, evitación y reactividad aumentada, y la ansiedad es un componente central del TEPT.

### 15. ¿Qué es la ansiedad postraumática y cómo se trata?

La ansiedad postraumática es un síntoma del trastorno de estrés postraumático (TEPT), que sigue a un evento traumático. Se trata mediante terapia cognitivo-conductual, terapia de exposición, terapia de reprocesamiento y desensibilización por movimientos oculares (EMDR) y, en algunos casos, medicación.

### 16. ¿Cómo se puede tratar la ansiedad?

La ansiedad se puede tratar con terapia psicológica, como la terapia cognitivo-conductual, fármacos ansiolíticos, suplementos o antidepresivos, y cambios en el estilo de vida como la reducción del estrés, el ejercicio regular y la mejora de la calidad del sueño, entre otros.

### 17. ¿Es posible prevenirla?

Aunque no siempre es posible prevenir la ansiedad, ciertas estrategias pueden ayudar a reducir el riesgo o la intensidad de los síntomas, como mantener un estilo de vida saludable, desarrollar habilidades de afrontamiento, y buscar apoyo emocional cuando sea necesario, entre otras.

### 18. ¿Cómo afecta a la vida diaria?

La ansiedad puede afectar la vida diaria al interferir con las relaciones personales, el rendimiento laboral o académico, y la capacidad para disfrutar de actividades cotidianas. Puede generar evitación de situaciones que provocan ansiedad, lo que limita el funcionamiento normal.

### 19. ¿Cuándo debería buscar ayuda profesional?

Se debe buscar ayuda profesional si la ansiedad interfiere significativamente con la vida diaria, si los síntomas son persistentes o intensos, o si se experimentan ataques de pánico frecuentes. Un profesional de la salud puede ayudar a determinar el mejor curso de acción.

### 20. ¿Cómo influye la genética?

La genética puede desempeñar un papel en la predisposición a los trastornos de ansiedad. Las investigaciones sugieren que tener antecedentes familiares de ansiedad aumenta el riesgo de desarrollar un trastorno de ansiedad, aunque los factores ambientales también son importantes.

### 21. ¿Es hereditaria?

La ansiedad puede tener un componente genético, lo que significa que puede ser más común en personas con antecedentes familiares de trastornos de ansiedad. Sin embargo, también influyen factores ambientales y experiencias personales.

## 22. ¿Los niños pueden experimentar ansiedad?

Sí, los niños pueden experimentar ansiedad. A menudo se manifiesta a través de miedos intensos, preocupaciones excesivas o síntomas físicos como dolores de estómago. Es importante prestar atención a estos signos y buscar ayuda si interfieren con su vida diaria.

## 23. ¿Cuál es la diferencia entre ansiedad y estrés?

El estrés es una respuesta a una amenaza o desafío inmediato, mientras que la ansiedad es la anticipación de una amenaza futura, real o percibida. La ansiedad puede persistir incluso después de que el factor estresante desaparezca.

## 24. ¿Qué es la ansiedad inducida por el estrés y cómo se puede manejar?

La ansiedad inducida por el estrés surge cuando el estrés abrumador provoca síntomas de ansiedad. Manejarla implica identificar y reducir las fuentes de estrés, practicar técnicas de relajación y buscar apoyo emocional, entre otros.

## 25. ¿Qué técnicas de afrontamiento pueden ayudar?

Existen diversas técnicas de afrontamiento para la ansiedad, como la práctica regular de ejercicio, la meditación, el establecimiento de rutinas, el uso de técnicas de respiración, la escritura de un diario y la búsqueda de apoyo social, entre otras. Estas estrategias pueden ayudar a manejar y reducir los síntomas de ansiedad.

## 26. ¿El ejercicio puede ayudar?

Sí, el ejercicio regular es una de las estrategias más efectivas para reducir la ansiedad. Ayuda a liberar endorfinas, mejora el estado de ánimo, proporciona una distracción saludable de las preocupaciones y promueve una sensación de bienestar general, además de reducir la tensión o el estrés, y promueve un mejor sueño.

## 27. ¿La meditación es efectiva?

La meditación y prácticas como el mindfulness suelen ser muy efectivas para reducir la ansiedad. Ayudan a centrar la mente, reducir el estrés y mejorar la capacidad de afrontar situaciones difíciles con mayor calma y claridad.

## 28. ¿Cómo puede ayudar la meditación guiada?

La meditación guiada, que involucra escuchar instrucciones dirigidas para enfocar la mente, suele ser beneficiosa para la ansiedad al promover la relajación, aumentar la conciencia y reducir la rumiación y los pensamientos negativos.

## 29. ¿Cómo pueden ayudar el uso de aplicaciones de meditación y relajación?

Las aplicaciones de meditación y relajación ofrecen herramientas guiadas para reducir el estrés y la ansiedad. Pueden ayudar al proporcionar prácticas accesibles de respiración, meditación y atención plena que se pueden integrar en la rutina diaria.

## 30. ¿Las técnicas de respiración pueden ayudar?

Sí, las técnicas de respiración profunda son efectivas para reducir la ansiedad al ayudar a regular el sistema nervioso, disminuir la frecuencia cardíaca y promover una sensación de calma y control durante situaciones estresantes.

## 31. ¿Cómo pueden ayudar los métodos de respiración?

Los métodos de respiración, como la respiración profunda o diafragmática, suelen ayudar a controlar la ansiedad al reducir la frecuencia cardíaca, disminuir la tensión muscular y promover un estado de calma.

## 32. ¿Cómo pueden ayudar las técnicas de relajación muscular progresiva?

La relajación muscular progresiva implica tensar y luego relajar grupos musculares específicos. Esta técnica puede ayudar con la ansiedad al reducir la tensión física y promover una sensación de calma y control.

## 33. ¿Cómo puede contribuir el yoga a su reducción?

El yoga combina posturas físicas, respiración controlada y meditación, lo que puede ayudar a reducir la ansiedad al promover la relajación, mejorar la concentración y aumentar la conciencia corporal. Estas prácticas suelen disminuir los niveles de estrés y mejorar el equilibrio emocional.

## 34. ¿Cómo puede ayudar la escritura expresiva?

La escritura expresiva implica escribir sobre pensamientos y sentimientos profundos. Esta técnica puede ayudar a procesar pensamientos y emociones, reducir la rumiación, identificar patrones de preocupación y proporcionar claridad, lo que a su vez puede aumentar la autocomprensión y disminuir la ansiedad.

## 35. ¿Cómo puede ayudar la terapia narrativa?

La terapia narrativa permite a las personas reescribir sus historias personales para encontrar significado y empoderamiento. Puede ayudar con la ansiedad al cambiar la percepción de los eventos estresantes y fortalecer la identidad.

## 36. ¿Cómo puede influir la alimentación?

La dieta suele influir en la ansiedad. Consumir una dieta equilibrada rica en nutrientes esenciales apoya la salud mental, al proporcionar los nutrientes necesarios para el buen funcionamiento del cerebro.

### 37. ¿La dieta influye en la ansiedad?
Una dieta equilibrada puede influir en el bienestar general y en la gestión de la ansiedad. Consumir alimentos ricos en nutrientes, evitar el exceso de cafeína y azúcar, y mantenerse hidratado, entre otros, ayuda a mejorar el estado de ánimo y reducir los síntomas de ansiedad. Lo trataremos en detalle en el capítulo "Alimentos que transforman".

### 38. ¿Afecta el consumo de cafeína?
La cafeína puede aumentar los síntomas de ansiedad, ya que es un estimulante que puede incrementar la frecuencia cardíaca, provocar insomnio y generar una sensación de nerviosismo. Reducir su consumo puede ayudar a minimizar estos efectos.

### 39. ¿Cómo afecta al sueño?
La ansiedad puede causar insomnio o dificultades para conciliar el sueño debido a pensamientos intrusivos y preocupaciones constantes. Establecer una rutina de sueño regular y practicar técnicas de relajación antes de acostarse puede mejorar el sueño.

### 40. ¿Qué papel juega el sueño en su gestión?
El sueño adecuado es crucial para la gestión de la ansiedad. La falta de sueño puede exacerbar los síntomas de ansiedad, mientras que el descanso adecuado ayuda a regular el estado de ánimo, mejorar la concentración y reducir la reactividad al estrés.

### 41. ¿Cómo afecta a la salud física a largo plazo?
La ansiedad crónica puede tener efectos negativos en la salud física, incluyendo un mayor riesgo de enfermedades cardiovasculares, problemas digestivos, debilitamiento del sistema inmunológico y trastornos del sueño.

### 42. ¿Cómo afecta al sistema inmunológico?
La ansiedad crónica puede debilitar el sistema inmunológico al aumentar la producción de hormonas del estrés, como el cortisol. Esto puede hacer que una persona sea más susceptible a enfermedades y dificulte la recuperación de lesiones o infecciones.

### 43. ¿Es más común en mujeres que en hombres?
Estudios sugieren que los trastornos de ansiedad son más comunes en mujeres que en hombres. Esto puede deberse a una

combinación de factores biológicos, hormonales, psicológicos y sociales.

### 44. ¿Cómo afecta a la concentración?
La ansiedad puede dificultar la concentración al llenar la mente de pensamientos intrusivos y preocupaciones, lo que interfiere con la capacidad de enfocarse en tareas y procesar información de manera eficiente.

### 45. ¿Es posible superarla sin medicación?
Muchas personas logran gestionar la ansiedad sin medicación a través de terapia, cambios en el estilo de vida, técnicas de relajación, apoyo social y ciertos suplementos o plantas medicinales. Sin embargo, para algunas personas, la medicación puede ser necesaria.

### 46. ¿Cómo se relacionan la ansiedad y la depresión?
La ansiedad y la depresión a menudo coexisten, y una puede desencadenar o exacerbar la otra. Ambas condiciones comparten síntomas como irritabilidad, problemas de sueño y dificultad para concentrarse, pero también tienen características distintas.

### 47. ¿Qué es la rumiación y cómo se relaciona con la ansiedad?
La rumiación es el hábito de pensar repetidamente sobre los mismos pensamientos o problemas, generalmente negativos. Este proceso mental puede aumentar la ansiedad al mantener a la persona enfocada en preocupaciones y escenarios de desastre.

### 48. ¿Cómo puede ayudar el contacto con la naturaleza?
El contacto con la naturaleza, ya sea a través de caminatas al aire libre, jardinería o simplemente pasar tiempo en un parque, puede reducir la ansiedad al aliviar el estrés, mejorar el estado de ánimo y proporcionar una sensación de calma y conexión.

### 49. ¿Puede afectar las relaciones personales?
Sí, la ansiedad puede afectar las relaciones personales al causar irritabilidad, retraimiento, dependencia emocional o evitación social. La comunicación abierta y la comprensión mutua son clave para manejar estos desafíos en las relaciones.

### 50. ¿Qué es el tratamiento por desensibilización sistemática?
La desensibilización sistemática es una técnica de terapia conductual utilizada para tratar fobias y ansiedad. Involucra la exposición gradual a la fuente de ansiedad mientras se practican

técnicas de relajación, ayudando a reducir la respuesta de ansiedad con el tiempo.

### 51. ¿Qué papel juega la autocompasión en su gestión?

La autocompasión implica tratarse a uno mismo con amabilidad y comprensión en momentos de dificultad. Practicar la autocompasión puede reducir la ansiedad al disminuir la autocrítica y fomentar una actitud más positiva y resiliente hacia los desafíos personales.

### 52. ¿Es normal experimentarla antes de eventos importantes?

Sí, es común experimentar ansiedad antes de eventos importantes como exámenes, entrevistas de trabajo o presentaciones. Esta ansiedad puede ser motivadora, pero si se vuelve abrumadora, es útil practicar técnicas de relajación para manejarla.

### 53. ¿Qué es la técnica o terapia de exposición?

La técnica de exposición es un método terapéutico que involucra enfrentar de manera gradual y controlada las situaciones o estímulos que generan ansiedad. El objetivo es reducir la respuesta de miedo a través de la habituación, permitiendo a la persona gestionar mejor sus reacciones y disminuir la evitación.

### 54. ¿Qué es la fobia específica y cómo se relaciona con la ansiedad?

Una fobia específica es un tipo de trastorno de ansiedad caracterizado por un miedo intenso e irracional a un objeto o situación particular, como las alturas, los animales o volar. Este miedo puede llevar a la evitación de situaciones que desencadenan la ansiedad.

### 55. ¿Qué es el biofeedback y cómo se utiliza para tratarla?

El biofeedback es una técnica que enseña a las personas a controlar funciones fisiológicas involuntarias mediante el uso de dispositivos de monitoreo. Al aumentar la conciencia de las respuestas corporales al estrés, las personas pueden aprender a regular su ansiedad de manera efectiva.

### 56. ¿Cómo pueden ayudar los aceites esenciales?

Algunos aceites esenciales, como la lavanda y la manzanilla, se utilizan en aromaterapia para promover la relajación y reducir la ansiedad. Inhalar estos aceites o aplicarlos de forma tópica puede ayudar a calmar el sistema nervioso.

### 57. ¿Cómo puede ayudar la terapia de aceptación y compromiso?

Esta terapia ayuda a las personas a aceptar sus pensamientos y sentimientos en lugar de evitarlos, y a comprometerse con acciones que están alineadas con sus valores personales. Esto puede reducir la ansiedad al fomentar la flexibilidad psicológica, la acción consciente y el enfoque en el presente.

### 58. ¿Qué papel juegan los neurotransmisores?

Los neurotransmisores como la serotonina, la noradrenalina y el GABA están involucrados en la regulación del estado de ánimo y la ansiedad. Desequilibrios en estos químicos cerebrales pueden contribuir al desarrollo de trastornos de ansiedad.

### 59. ¿Cómo pueden ayudar los cambios en el estilo de vida?

Los cambios en el estilo de vida, como mejorar la dieta, aumentar la actividad física, establecer una rutina de sueño regular, evitar el consumo excesivo de alcohol y cafeína, y practicar técnicas de relajación, suelen ayudar a reducir la ansiedad al mejorar el bienestar general y la resiliencia emocional.

### 60. ¿Cómo puede beneficiar la terapia de arte?

La terapia de arte permite a las personas expresar sus emociones a través de la creatividad. Esta forma de terapia puede ayudar a procesar sentimientos difíciles, reducir el estrés, facilitar el autodescubrimiento y proporcionar una salida no verbal para la ansiedad.

### 61. ¿Qué papel juegan las relaciones interpersonales?

Las relaciones interpersonales positivas pueden ser una fuente de apoyo emocional y ayudar a reducir la ansiedad. Tener una red de apoyo sólida puede proporcionar consuelo, consejos y un sentido de pertenencia, lo que es vital para el bienestar mental.

### 62. ¿Cómo pueden ayudar el mindfulness o la atención plena?

El mindfulness implica centrarse en el momento presente sin juzgar. Practicar la atención plena suele ayudar a reducir la ansiedad al mejorar la conciencia de los pensamientos y emociones, promover un estado de calma, reducir la rumiación y fomentar una actitud de aceptación, permitiendo una mayor regulación emocional.

### 63. ¿Cómo puede influir la práctica de la gratitud?

Practicar la gratitud, como llevar un diario de gratitud, puede reducir la ansiedad al cambiar el enfoque hacia aspectos positivos de la vida, lo que mejora el estado de ánimo y fomenta una perspectiva más optimista.

### 64. ¿Cómo puede ayudar la terapia asistida con animales?

La terapia asistida con animales involucra la interacción con animales para mejorar el bienestar emocional. Puede ayudar a las personas con ansiedad al proporcionar compañía, reducir el estrés y aumentar la sensación de conexión y bienestar.

### 65. ¿La terapia cognitivo-conductual es efectiva?

La terapia cognitivo-conductual es uno de los tratamientos más efectivos para la ansiedad. Ayuda a las personas a identificar y cambiar patrones de pensamiento negativos y comportamientos que contribuyen a la ansiedad, promoviendo formas más saludables de afrontar situaciones estresantes.

### 66. ¿Cómo puede ayudar la música?

La música puede influir en el estado de ánimo y reducir la ansiedad al inducir un estado de relajación. Escuchar música calmante o participar en actividades musicales puede disminuir la tensión y mejorar el bienestar emocional.

### 67. ¿Cómo puede ayudar la musicoterapia?

La musicoterapia utiliza la música para promover el bienestar emocional y puede ser eficaz para reducir la ansiedad. Escuchar música relajante o participar en actividades musicales puede disminuir los niveles de estrés, mejorar el estado de ánimo y facilitar la expresión emocional.

### 68. ¿Cómo pueden ayudar los grupos de apoyo?

Los grupos de apoyo ofrecen un espacio seguro para compartir experiencias y estrategias de afrontamiento, y recibir apoyo emocional. Pueden ayudar a las personas con ansiedad al proporcionar un sentido de comunidad, comprensión y estrategias compartidas para afrontar la ansiedad.

### 69. ¿Cómo puede beneficiar la terapia de grupo?

La terapia de grupo proporciona un entorno de apoyo donde las personas pueden compartir experiencias y estrategias. Puede beneficiar a las personas con ansiedad al reducir el aislamiento y fomentar la empatía y el entendimiento.

### 70. ¿Cómo puede ayudar la técnica de liberación emocional (EFT)?

La EFT, o tapping, es una técnica que combina la acupuntura sin agujas con afirmaciones positivas. Puede ayudar a reducir la ansiedad al liberar bloqueos emocionales y equilibrar el sistema energético del cuerpo.

### 71. ¿Cómo puede ayudar la acupuntura?

La acupuntura, una práctica de la medicina tradicional china que implica la inserción de agujas finas en puntos específicos del cuerpo, puede ayudar a reducir la ansiedad al promover el equilibrio energético y la relajación, y estimular la liberación de endorfinas.

## 72. ¿Puede ayudar la visualización guiada?

La visualización guiada implica imaginar escenas relajantes o positivas bajo la dirección de un terapeuta o grabación. Puede ayudar a las personas con ansiedad al reducir el estrés y fomentar una sensación de calma y una mentalidad más positiva.

## 73. ¿Cómo puede ayudar el voluntariado?

El voluntariado proporciona un sentido de propósito y conexión social. Puede ayudar a reducir la ansiedad al desviar el enfoque de las preocupaciones personales hacia el apoyo a los demás y mejorar el bienestar emocional.

## 74. ¿Cómo puede ayudar la psicoterapia psicodinámica?

La psicoterapia psicodinámica se centra en explorar patrones emocionales y conflictos inconscientes. Puede ayudar a las personas con ansiedad al aumentar la autocomprensión y resolver conflictos internos que contribuyen al malestar emocional.

## 75. ¿Qué es la ansiedad anticipatoria y cómo se puede manejar?

La ansiedad anticipatoria es el miedo o preocupación excesiva sobre eventos futuros. Se puede manejar mediante técnicas como la planificación anticipada, la visualización positiva, la terapia cognitiva-conductual, técnicas de relajación y la práctica de la atención plena para enfocar la mente en el presente.

## 76. ¿Qué es la ansiedad por el futuro y cómo se puede tratar?

La ansiedad por el futuro es la preocupación excesiva por lo que pueda ocurrir más adelante. Se puede tratar mediante la práctica del pensamiento positivo, el establecimiento de metas realistas y el desarrollo de habilidades de afrontamiento.

## 77. ¿Qué es la ansiedad relacionada con el trabajo y cómo se puede abordar?

La ansiedad relacionada con el trabajo es el estrés y preocupación excesiva por el entorno laboral. Se puede abordar mediante la gestión del tiempo, establecer límites claros entre el trabajo y la vida personal, y buscar apoyo social o profesional si es necesario.

### 78. ¿Qué es la ansiedad inducida por sustancias y cómo se trata?

La ansiedad inducida por sustancias ocurre cuando el consumo de drogas o alcohol provoca o agrava los síntomas de ansiedad. El tratamiento implica la desintoxicación, la terapia y, en algunos casos, el uso de medicación para manejar los síntomas.

### 79. ¿Qué es la ansiedad catastrófica y cómo se puede manejar?

La ansiedad catastrófica es la tendencia a imaginar el peor de los escenarios posibles en situaciones cotidianas. Se puede manejar mediante la reestructuración cognitiva, la práctica de mindfulness y la exposición gradual a los temores.

### 80. ¿Qué es la agorafobia y cómo se relaciona con la ansiedad?

La agorafobia es un trastorno de ansiedad que implica el miedo a situaciones donde escapar podría ser difícil o donde no se podría recibir ayuda en caso de un ataque de pánico. Esto puede llevar a evitar lugares públicos o situaciones de multitudes.

### 81. ¿Qué es la ansiedad tecnológica o digital y cómo se puede manejar?

La ansiedad digital se refiere al estrés y la preocupación causados por el uso excesivo de dispositivos tecnológicos o digitales y redes sociales. Se puede manejar estableciendo límites de tiempo, practicando la desconexión digital y fomentando actividades fuera de línea o sin pantallas.

### 82. ¿Qué papel juegan las redes sociales?

Las redes sociales suelen contribuir a la ansiedad al fomentar la comparación social, la exposición a información negativa o estresante y la presión por mantener una imagen idealizada. Limitar el tiempo en redes sociales y ser consciente del contenido consumido puede ser beneficioso.

### 83. ¿Qué es la ansiedad nocturna y cómo se puede aliviar?

La ansiedad nocturna se refiere a la ansiedad que surge o se intensifica durante la noche, a menudo dificultando el sueño. Para aliviarla, se pueden utilizar técnicas de relajación antes de dormir, prácticas de higiene del sueño, mantener una rutina de sueño consistente, evitar estimulantes como la cafeína y crear un ambiente propicio para el descanso.

### 84. ¿Qué es la ansiedad por el clima y cómo se aborda?

La ansiedad por el clima es el miedo o preocupación por el cambio climático y sus impactos. Se aborda mediante la educación sobre el tema, la participación en acciones sostenibles y el fortalecimiento de la resiliencia personal y comunitaria.

### 85. ¿Qué es la ansiedad de elección y cómo se puede abordar?

La ansiedad de elección es la dificultad para tomar decisiones debido al miedo a tomar la opción equivocada. Se puede abordar mediante la identificación de valores personales, la evaluación de opciones y la aceptación de la incertidumbre.

### 86. ¿Qué es la ansiedad cultural y en qué contextos puede surgir?

La ansiedad cultural puede surgir al adaptarse a una nueva cultura o entorno, lo que puede incluir el miedo a no encajar o ser malinterpretado. Se puede mitigar mediante la educación cultural, la apertura al aprendizaje y la búsqueda de apoyo social.

### 87. ¿Qué es la ansiedad económica y cómo se puede manejar?

La ansiedad económica es la preocupación excesiva por las finanzas personales o la estabilidad económica. Se puede manejar mediante la planificación financiera, la educación financiera y el establecimiento de un presupuesto realista.

### 88. ¿Qué es la ansiedad existencial y cómo se manifiesta?

La ansiedad existencial se refiere a la preocupación excesiva sobre cuestiones fundamentales de la vida, como el propósito, la muerte y la libertad. Puede manifestarse como una sensación de vacío, inquietud o crisis sobre el sentido de la vida.

### 89. ¿Cómo se puede abordar la ansiedad existencial?

La ansiedad existencial se puede abordar mediante la exploración filosófica, explorando y definiendo valores y creencias personales, la búsqueda de significado o propósito personal, la práctica de la atención plena y la práctica de la aceptación y la gratitud.

### 90. ¿Qué es la ansiedad por el cambio y cómo se puede gestionar?

La ansiedad por el cambio es el miedo a lo desconocido o a nuevas situaciones. Se puede gestionar mediante la aceptación de la incertidumbre, la búsqueda de información y el desarrollo de habilidades de adaptación.

### 91. ¿Qué es la ansiedad del cuidador y cómo se puede manejar?

La ansiedad del cuidador es el estrés y la preocupación excesiva que experimentan las personas que cuidan de otros, como familiares enfermos o ancianos. Se puede manejar mediante el autocuidado, el establecimiento de límites y la búsqueda de apoyo.

### 92. ¿Qué es la ansiedad de salud y cómo se trata?

La ansiedad de salud, también conocida como hipocondría, es el miedo excesivo a tener una enfermedad grave. Se trata mediante la terapia cognitivo-conductual, que ayuda a modificar los patrones de pensamiento y comportamientos relacionados con la preocupación por la salud, y también limitando o reduciendo la búsqueda de información médica en exceso.

### 93. ¿Qué es la ansiedad académica y cómo se puede manejar?

La ansiedad académica es el estrés y la inquietud relacionados con el rendimiento escolar. Se puede manejar mediante la organización y planificación del tiempo, técnicas de estudio efectivas y el manejo del estrés.

### 94. ¿Qué es la ansiedad de rendimiento y cómo se manifiesta?

La ansiedad de rendimiento se refiere al miedo a no cumplir con las expectativas en situaciones de evaluación, como exámenes o actuaciones. Se manifiesta mediante síntomas como nerviosismo, sudoración y dificultad para concentrarse.

### 95. ¿Cómo se puede enfrentar la ansiedad de rendimiento?

La ansiedad de rendimiento se puede enfrentar mediante la práctica regular, la visualización positiva, el desarrollo de la autoconfianza, la reestructuración cognitiva y la práctica de técnicas de relajación.

### 96. ¿Qué es la ansiedad de rechazo y cómo se puede superar?

La ansiedad de rechazo es el miedo intenso a ser rechazado o no aceptado por los demás. Se puede superar mediante el desarrollo de la autoestima, la práctica de autoaceptación, la práctica de habilidades sociales, el desarrollo de relaciones saludables y de apoyo, y la terapia cognitivo-conductual.

### 97. ¿Qué es la ansiedad somática y cómo se puede tratar?

La ansiedad somática se manifiesta a través de síntomas físicos, como dolores de cabeza o malestar estomacal. Se puede tratar mediante la terapia cognitivo-conductual, la atención a los síntomas físicos y la práctica de técnicas de relajación.

**98. ¿Qué es la ansiedad por el éxito y cómo se puede manejar?**

La ansiedad por el éxito es el miedo a no alcanzar las metas deseadas o a no mantener el éxito logrado. Se puede manejar mediante el establecimiento de expectativas realistas, la celebración de logros y la práctica de la autoaceptación.

**99. ¿Qué es la ansiedad de separación y en qué contextos se presenta?**

La ansiedad de separación es el miedo o angustia excesiva al separarse de las figuras de apego, como padres o seres queridos. Es común en niños, pero también puede presentarse en adolescentes y adultos en relaciones significativas.

**100. ¿Cómo se puede manejar la ansiedad de separación?**

La ansiedad de separación se puede manejar con terapia cognitivo-conductual, exposición gradual a la separación, el desarrollo de habilidades de afrontamiento, la construcción de una independencia emocional saludable y el desarrollo de un sentido de seguridad personal.

**101. ¿Qué es la ansiedad por el apego y cómo se puede tratar?**

La ansiedad por el apego ocurre en relaciones donde hay un miedo constante al abandono. Se puede tratar mediante la terapia de pareja o individual, el desarrollo de la confianza y la comunicación abierta.

**102. ¿Qué es la ansiedad de relación y cómo se puede manejar?**

La ansiedad de relación es el miedo excesivo a los problemas o el fracaso en las relaciones personales. Se puede manejar mediante la comunicación abierta, el establecimiento de límites saludables, el fortalecimiento de la confianza y la terapia para mejorar las habilidades interpersonales.

**103. ¿Cómo puede ayudar la terapia interpersonal?**

La terapia interpersonal se centra en mejorar las relaciones y habilidades de comunicación. Puede ayudar a tratar la ansiedad al abordar problemas interpersonales que contribuyen al malestar emocional y al desarrollar un sistema de apoyo más sólido.

# PLAN PRACTICO RECOMENDADO

Aquí tienes una guía detallada para abordar la ansiedad desde sus raíces, con medidas prácticas y efectivas que te ayudarán a recuperar tu salud y bienestar. Este enfoque está diseñado para acompañarte con empatía durante todo el proceso de superación, recordándote que no estás solo en este camino. ¡Demos juntos el primer paso hacia una vida más tranquila y equilibrada!

▸ **Descubre el origen de tu ansiedad**: Identificar las causas es el primer y más importante paso hacia tu recuperación. Reflexiona sobre los factores que están contribuyendo a tus síntomas e intenta eliminarlos o, al menos, reducirlos significativamente. Puedes consultar el capítulo "La ansiedad" y, en especial, los subcapítulos "Causas" y "Disminución de los síntomas y prevención", donde encontrarás estrategias claras para afrontar los desencadenantes y fortalecer tu bienestar emocional.

▸ **Complementa con suplementos nutricionales**: Los suplementos son aliados importantes para acelerar y potenciar tu recuperación. En el capítulo correspondiente encontrarás una selección de productos que pueden ayudarte a nutrir tanto tu cuerpo como tu mente de manera efectiva. No subestimes el impacto positivo que los nutrientes adecuados tienen para fortalecer tu organismo frente a la ansiedad.

▸ **Prueba los beneficios de la fitoterapia**: Las plantas medicinales tienen propiedades naturales muy útiles para aliviar la ansiedad. Consulta el capítulo "Plantas medicinales" e identifica aquellas que mejor se adapten a tus necesidades. Incorporar infusiones, extractos o preparados específicos a tu rutina puede ayudarte a calmar el sistema nervioso y fomentar una sensación de bienestar y equilibrio.

▸ **Mejora tu alimentación**: Seguir una dieta equilibrada y adecuada es esencial para gestionar la ansiedad. Algunos alimentos son grandes aliados, mientras que otros conviene evitarlos. En los capítulos "Alimentos que transforman" y "Zumos y Jugos", encontrarás información práctica junto con más de 50 recetas saludables y deliciosas. Estas opciones están especialmente diseñadas para aportar los nutrientes que necesitas y ayudarte a reducir la ansiedad de manera natural.

‣ **Consulta sobre medicamentos**: Si estás tomando medicación para cualquier problema de salud y sientes que esta podría estar intensificando tus síntomas o causando efectos secundarios no deseados, ponte en contacto con tu médico. Un ajuste en las dosis o cambios en el tratamiento podrían ser soluciones clave. Mantén siempre una comunicación abierta y sincera con tu profesional de salud para garantizar un enfoque que se adapte a tus necesidades.

‣ **Explora otras alternativas naturales**: En el capítulo "Otras alternativas" encontrarás una variedad de tratamientos y remedios complementarios para aliviar los síntomas de ansiedad. Estas soluciones, basadas en métodos naturales, ofrecen un enfoque holístico que puede integrarse fácilmente con tu tratamiento, enriqueciendo tu proceso de recuperación.

‣ **Incorpora el ejercicio físico a tu rutina**: El ejercicio regular es una herramienta poderosa para combatir la ansiedad. Actividades como caminar al aire libre, nadar, bailar o practicar tu deporte favorito ayudan a equilibrar el sistema nervioso y generan endorfinas, conocidas como las hormonas del bienestar. Dedica al menos tres días a la semana a moverte. Verás cómo el ejercicio se convierte en un gran aliado para tu autocuidado.

‣ **Practica técnicas de relajación**: Aprender a relajarte puede transformar la forma en que gestionas tu ansiedad. Técnicas como la meditación, el mindfulness, la respiración profunda, el yoga o el tai chi son prácticas accesibles que pueden integrarse sin dificultad en tu rutina diaria. Introduce estos ejercicios poco a poco y pronto notarás un cambio significativo en tu tranquilidad emocional y en tu bienestar general.

Si estás experimentando insomnio, menopausia, fibromialgia o SIBO, quizá te interese explorar otros recursos que he preparado con el mismo cariño. En ellos encontrarás remedios y consejos enfocados en cada una de estas condiciones, diseñados para ayudarte a gestionar tu bienestar:

‣ **FIBROMIALGIA**. Alimentos, Suplementos y Plantas
‣ **GASTRITIS**. Alimentos, Suplementos y Plantas Medicinales
‣ **INSOMNIO**. Alimentos, Suplementos y Plantas Medicinales
‣ **MENOPAUSIA**. Alimentos, Suplementos y Plantas Medicinales
‣ **SIBO**. Alimentos, Suplementos y Plantas Medicinales

# SUPLEMENTOS NUTRICIONALES

En el camino hacia la mejora de nuestra salud y calidad de vida, los suplementos nutricionales han pasado a ser un recurso cada vez más relevante. Estos productos, disponibles en una amplia variedad de formatos –como tabletas, cápsulas, polvos o líquidos fáciles de consumir–, están concebidos para complementar la alimentación diaria mediante el aporte de nutrientes esenciales que, en muchas ocasiones, son difíciles de alcanzar solo a través de los alimentos habituales. Entre sus componentes destacan las vitaminas, minerales, aminoácidos, antioxidantes y otros compuestos bioactivos, todos ellos en proporciones específicas que permiten cubrir incluso las necesidades más exigentes. Esto resulta especialmente útil en casos de dietas restrictivas, desequilibrios alimenticios o cuando el cuerpo necesita un apoyo adicional debido a demandas fisiológicas aumentadas.

Además, la utilidad de los suplementos supera su función como complemento nutricional, abarcando una amplia gama de beneficios adaptados a diferentes necesidades. Desde mejorar el rendimiento físico y aumentar los niveles de energía, hasta facilitar el día a día de quienes llevan vidas aceleradas, ofrecen soluciones prácticas y eficaces. Su importancia se acentúa en situaciones de salud más delicadas, como enfermedades, dolencias específicas o condiciones crónicas; en estos casos, además de reforzar la dieta, los suplementos pueden desempeñar un papel activo ayudando al cuerpo a recuperar funciones alteradas, aliviar ciertos síntomas y apoyar procesos de recuperación más complejos.

Saber cómo incorporar estos suplementos de manera adecuada es esencial para integrarlos eficazmente en un enfoque global de cuidado personal y terapéutico. Esto supone valorar sus beneficios desde una perspectiva científica respaldada por evidencia y, en caso necesario, bajo la orientación de un profesional de la salud. Utilizados con conocimiento y criterio, los suplementos pueden convertirse en herramientas clave para transformar tu bienestar de forma gradual, sostenible y significativa. Recuerda que cada pequeño paso encaminado al cuidado de tu cuerpo es un avance hacia sentirte mejor, con más energía y fuerza para afrontar el día a día. ¡Atrévete a dar ese paso hacia un cambio positivo!

## Precauciones esenciales

Es crucial entender que los suplementos pueden tener efectos secundarios, contraindicaciones e interacciones con fármacos. Por ello, asegúrate de leer detenidamente los efectos adversos señalados al final de este capítulo. Además, considera tu estado de salud en general y evita cualquier suplemento que pueda interferir con los fármacos que estés tomando o con otros problemas de salud que ya tengas.

## Suplementos nutricionales y ansiedad

En los últimos años, los suplementos nutricionales han ganado cada vez más reconocimiento como aliados naturales y complementarios para promover el bienestar general. Si bien su uso ha estado tradicionalmente orientado a mejorar la salud física, investigaciones recientes han comenzado a destacar su impacto positivo en la salud mental, especialmente en el alivio de los síntomas relacionados con la ansiedad. Este enfoque ha despertado interés en personas que buscan alternativas para complementar sus tratamientos médicos habituales o que valoran opciones más naturales en el cuidado de su salud.

Diversos estudios han explorado cómo ciertos suplementos pueden influir en el sistema nervioso, favoreciendo la regulación de neurotransmisores vinculados al equilibrio emocional, como la serotonina y el GABA. Estos hallazgos han generado un creciente interés en ingredientes como vitaminas, minerales, ácidos grasos esenciales y compuestos naturales, cuya acción puede contribuir a reducir la intensidad y frecuencia de los síntomas de ansiedad en algunas personas. Sin embargo, es importante subrayar que la efectividad de estos suplementos varía según cada caso, y su uso debe considerarse como parte de un enfoque integral que incluya orientación profesional.

En este capítulo, se examinan los suplementos más comúnmente estudiados por sus beneficios potenciales en la ansiedad, organizados en orden alfabético para facilitar su identificación. Esta información busca ofrecer una guía práctica y accesible para quienes desean conocer opciones que podrían apoyar su bienestar emocional de forma complementaria. Aunque estos suplementos representan una herramienta útil.

# Ashwagandha

También conocido como Withania somnifera, es una hierba adaptógena ampliamente utilizada en la medicina tradicional ayurvédica. Se ha demostrado que posee propiedades que ayudan a reducir los síntomas de la ansiedad. A continuación, se mencionan algunos de sus beneficios:

‣ Reducción del estrés: Es conocido por sus propiedades adaptógenas, lo que significa que ayuda al cuerpo a adaptarse y responder mejor al estrés. Ayuda a regular los niveles de cortisol, la hormona del estrés, lo que contribuye a la calma y bienestar.

‣ Mejora del estado de ánimo: Tiene efectos positivos en el estado de ánimo y la depresión leve. Al reducir el estrés y promover la relajación, ayuda a mejorar el equilibrio emocional.

‣ Propiedades ansiolíticas: El ashwagandha actúa como un ansiolítico natural, lo que significa que puede reducir la ansiedad y ayudar a calmar la mente. Algunos estudios concluyen que influye en los neurotransmisores del cerebro, como el GABA, que desempeña un papel importante en la regulación del estado de ánimo y la ansiedad.

**Dosis recomendada:**
Por lo general, la dosis oscila entre 300 mg y 1500 mg de extracto estandarizado al día.

**Posología:**
Por lo general, se recomienda tomar 1 ó 2 veces al día, preferiblemente con el estómago vacío para una mejor absorción. En caso de malestar gastrointestinal, ingerir junto a alimentos.

**Tiempo de acción medio:**
Algunas personas experimentan beneficios inmediatos en términos de relajación y reducción del estrés, mientras que otras pueden requerir varios días o semanas de uso continuado para notar sus efectos adaptogénicos a largo plazo.

**Tiempo máximo de uso continuado recomendado:**
Se considera generalmente seguro para un uso a corto y medio plazo. Si planeas tomarlo durante más de 1 año, deberías consultarlo con un especialista.

# Camomila o Manzanilla

Es una planta medicinal ampliamente conocida por sus propiedades relajantes y calmantes. Su consumo ofrece varios beneficios para la ansiedad:

‣ Efecto calmante: La camomila contiene compuestos como la apigenina, que actúa como sedantes suaves y ayudan a reducir los niveles de estrés y ansiedad. Estos compuestos tienen un efecto relajante en el sistema nervioso, promoviendo la sensación de calma y bienestar.

‣ Mejora del sueño: Se ha utilizado tradicionalmente como remedio natural para el insomnio y los problemas de sueño relacionados con la ansiedad. Tomar una taza de infusión de camomila antes de acostarse ayuda a inducir el sueño y mejorar su calidad.

‣ Reducción de los síntomas físicos de la ansiedad: La ansiedad a menudo se manifiesta con síntomas físicos como dolor de cabeza, tensión muscular y malestar estomacal. La camomila alivia estos síntomas, debido a sus propiedades antiinflamatorias y antiespasmódicas que relajan los músculos y calman el sistema digestivo.

**Dosis recomendada:**
La dosis recomendada oscila entre 300 a 1300 mg al día, dependiendo de la concentración del producto.

**Posología:**
Se recomienda tomar una o dos veces al día. Si se toma por la noche antes de acostarse, promueve la relajación y el sueño. Puede tomarse con o sin comida, según las preferencias personales.

**Tiempo de acción medio:**
El tiempo de inicio de acción puede variar, pero suele mostrar efecto después de unos días a unas semanas de uso continuo.

**Tiempo máximo de uso continuado recomendado:**
No hay un tiempo máximo establecido. Se recomienda seguir las indicaciones del fabricante o consultar a un especialista si se planea utilizar durante más de seis meses seguidos.

# GABA

El GABA (Ácido Gamma-Aminobutírico) es un neurotransmisor

inhibidor que desempeña un papel crucial en la regulación del sistema nervioso central. El GABA también se encuentra disponible como suplemento y se usa para ayudar en el manejo de la ansiedad. A continuación se mencionan algunos beneficios:

▸ Efecto calmante: Tiene propiedades relajantes y ayuda a reducir la actividad neuronal en el cerebro, lo que puede conducir a una sensación de calma y tranquilidad. Al aumentar los niveles de GABA en el cerebro, se promueve una disminución de la ansiedad y una sensación de relajación.

▸ Mejora del sueño: Al tener propiedades sedantes y promover la relajación, ayuda a conciliar el sueño más fácilmente y mejora la calidad general del descanso.

▸ Reducción de la excitabilidad neuronal: La ansiedad a menudo está relacionada con una hiperactividad neuronal. El GABA disminuye la excitabilidad neuronal y estabiliza las señales eléctricas en el cerebro, lo que contribuye a reducir los síntomas de la ansiedad.

**Dosis recomendada:**
Suele oscilar entre 250 mg a 1500 mg al día, dividida en varias tomas.

**Posología:**
Por lo general, se recomienda tomar entre 1 a 3 veces al día, preferiblemente con el estómago vacío para una mejor absorción.

**Tiempo de acción medio:**
En general suele ser de alrededor de 30 minutos a 1 hora después de la ingestión.

**Tiempo máximo de uso continuado recomendado:**
No se ha establecido un tiempo máximo de uso continuado. Se recomienda no exceder las dosis recomendadas y consultar con un especialista si planeas utilizarlo más de seis meses seguidos, especialmente en dosis altas.

*Observaciones*: Es importante tener en cuenta que la GABA no atraviesa fácilmente la barrera hematoencefálica, por lo que algunos estudios sugieren que puede ser más efectiva cuando se toma en combinación con otros compuestos que promueven su actividad, como la niacina o el L-teanina.

# Lavanda

Es una planta aromática ampliamente conocida por su fragancia relajante. Se ha utilizado durante siglos en la medicina tradicional para aliviar el estrés y la ansiedad. Beneficios:

‣ Efecto calmante: El aroma de la lavanda se ha demostrado que tiene propiedades calmantes y relajantes. La inhalación del aroma de la lavanda ayuda a reducir la ansiedad, promueve la relajación y mejora el estado de ánimo.

‣ Reducción de la excitabilidad emocional: Ayuda a reducir la excitabilidad emocional y la respuesta al estrés. Se ha observado que disminuye los niveles de cortisol, la hormona del estrés, y promueve un estado de calma y equilibrio emocional.

‣ Mejora del sueño: La lavanda también se usa para mejorar la calidad del sueño. Sus propiedades relajante ayudan a conciliar el sueño más fácilmente, reducen el insomnio y promueven un sueño más reparador.

**Dosificación:**

En cuanto a la dosificación media recomendada, existen diferentes formas de utilizarla, como aceites esenciales, infusiones o productos tópicos. Aquí tienes algunas recomendaciones:

*Aceite esencial de lavanda*: Para uso tópico, se recomienda diluir de 3 a 5 gotas de aceite esencial de lavanda en una cucharada de aceite portador, como aceite de almendra o de coco, y aplicarlo en las sienes, el cuello o las muñecas. Para uso aromático, puedes agregar de 5 a 10 gotas de aceite esencial de lavanda en un difusor de aromaterapia y disfrutar de su aroma relajante.

*Infusión de lavanda*: Puedes preparar una infusión de lavanda agregando una cucharadita de flores de lavanda secas en una taza de agua caliente. Deja reposa 5 a 10 minutos, cuela y bebe esta infusión una o dos veces al día.

# L-teanina

Es un aminoácido que se encuentra principalmente en las hojas del té verde (Camellia sinensis). Se ha estudiado por sus efectos en la reducción de la ansiedad y el estrés. A continuación, se mencionan algunos beneficios:

‣ Relajación y reducción de la ansiedad: La L-Teanina se ha

demostrado que promueve la relajación sin causar somnolencia. Aumenta la producción de neurotransmisores como la dopamina y la serotonina, que están relacionados con la mejora del estado de ánimo y la reducción de la ansiedad.

‣ Mejora del enfoque y la concentración: Además de su efecto relajante, la L-Teanina también aumenta la concentración y la atención. Se ha observado que mejora la función cognitiva y la claridad mental sin los efectos secundarios estimulantes asociados con la cafeína.

‣ Neutralización de los efectos negativos de la cafeína: Se encuentra naturalmente en el té verde y ayuda a contrarrestar los efectos negativos de la cafeína, como la ansiedad y la excitabilidad. Al combinar la L-Teanina con la cafeína, se logra una sensación de alerta y energía sin los efectos desagradables asociados con una alta ingesta de cafeína.

**Dosis recomendada:**
Por lo general, la dosis suele oscilar entre 100 mg a 1200 mg al día.

**Posología:**
Se recomienda tomar una o dos veces al día, preferiblemente con el estómago vacío para una mejor absorción.

**Tiempo de acción medio:**
Generalmente suele actuar entre 30 minutos a 1 hora después de la ingestión.

**Tiempo máximo de uso continuado recomendado:**
No hay un tiempo máximo establecido para su uso continuado, pero se recomienda no exceder las dosis recomendadas y descansar 15 días por cada 3 meses de uso. Si planeas tomarlo durante más de 1 año, consúltalo con un especialista.

## Magnesio

El magnesio es un mineral esencial que desempeña un papel crucial en varias funciones del cuerpo, incluido el sistema nervioso. Se ha estudiado por sus efectos en el alivio de la ansiedad y el estrés. A continuación, se mencionan algunos beneficios:
‣ Relajación muscular y nerviosa: El magnesio ayuda a relajar los músculos y el sistema nervioso, lo que contribuye a reducir la ansiedad y el estrés. Actúa como un modulador de los receptores de neurotransmisores, como el GABA, que están

involucrados en la regulación del estado de ánimo y la ansiedad.

‣ Regulación de los niveles de estrés: El magnesio juega un papel en la regulación de los niveles de cortisol, la hormona del estrés. Los niveles adecuados de magnesio ayudan a mantener los niveles de cortisol equilibrados y reducen la respuesta al estrés.

‣ Mejora del estado de ánimo: La deficiencia de magnesio se ha relacionado con síntomas de depresión y ansiedad. La suplementación con magnesio ayuda a mejorar el estado de ánimo y reduce los síntomas de ansiedad asociados.

**Dosis recomendada:**
La dosis recomendada oscila entre 200 a 400 mg al día.

**Posología:**
Se recomienda tomar una o dos veces al día, preferiblemente por la noche antes de acostarse para ayudar a relajar los músculos y promover el sueño. Puede tomarse con o sin comida. Si se busca un efecto laxante, es mejor con el estómago vacío.

**Tiempo de acción medio:**
El tiempo de inicio de acción puede variar, pero suele mostrar efecto después de algunas semanas de uso continuo.

**Tiempo máximo de uso continuado recomendado:**
No hay un tiempo máximo establecido, ya que es un mineral esencial para el cuerpo. Se recomienda consultar a un especialista si se planea utilizar durante más de seis meses seguidos en personas con problemas renales o cardíacos.

**Los diferentes compuestos de magnesio: Los menos y los mas laxantes.**
El magnesio es un mineral esencial que aporta muchos beneficios y desempeña numerosos papeles en la salud del organismo, incluyendo la reducción del dolor, el funcionamiento de los músculos y nervios, la mejora del sueño, la regulación de la presión arterial y el apoyo al sistema inmunitario. Sin embargo, algunos compuestos de magnesio tienen efectos laxantes, lo cual puede ser un problema para las personas con tendencia a la diarrea.

Entre los diferentes tipos de suplementos de magnesio, el **citrato de magnesio**, el **cloruro de magnesio**, y el **hidróxido de magnesio** (que se encuentra comúnmente en los antiácidos como la leche de magnesia) suelen tener efectos laxantes más pronunciados. Estos tipos de magnesio atraen agua al intestino, lo cual aumenta la motilidad intestinal y puede provocar diarrea en algunas personas. Toma alguno de estos compuestos si padeces de estreñimiento, ya que te ayudarán a que las heces sean menos secas y duras. El compuesto más laxante de los tres suele ser el cloruro de magnesio.

En contraste, el compuesto de magnesio que suele ser menos laxante y por lo tanto podría ser más adecuado para personas con problemas de diarrea es el **glicinato de magnesio**.

Glicinato de magnesio: Este compuesto combina magnesio con glicina, un aminoácido. Es conocido por ser una de las formas de magnesio mejor toleradas en términos de efectos gastrointestinales. La glicina actúa como un agente estabilizador que puede ayudar a minimizar los efectos laxantes y mejorar la absorción del magnesio.

En cuanto a la cantidad máxima recomendada para evitar efectos secundarios como la diarrea, es importante destacar que la tolerancia puede variar ampliamente entre personas. La dosis diaria recomendada de magnesio varía según la edad, el sexo y otras condiciones de salud. Comienza con dosis bajas y aumenta gradualmente según tu tolerancia.

## Melatonina

La melatonina es una hormona que se produce naturalmente en el cuerpo y juega un papel crucial en la regulación del ciclo del sueño y la vigilia. Si bien su principal función es regular el ritmo circadiano, también se ha estudiado por sus efectos en la ansiedad y el estrés. A continuación, se mencionan algunos beneficios:

▸ Mejora del sueño: La melatonina es ampliamente conocida por su capacidad para regular el sueño. Tomar melatonina antes de acostarse ayuda a conciliar el sueño más rápidamente, mejora la calidad del sueño y regula el ritmo circadiano, lo que contribuye a reducir la ansiedad asociada con el insomnio.

▸ Efecto relajante: Además de su función en el ciclo del sueño, la melatonina también tiene propiedades relajantes y ayuda a reducir la ansiedad. Esto se debe a su capacidad para regular el estrés oxidativo y actuar como un antioxidante en el cerebro.

▸ Estabilización del estado de ánimo: Al regular el sueño y

reducir la ansiedad, ayuda a mejorar el equilibrio emocional y reduce los síntomas de ansiedad.

**Dosis recomendada:**
La dosis recomendada oscila entre 1 a 15 mg al día, dependiendo de la tolerancia individual.

**Posología:**
Se recomienda tomar aproximadamente 30 minutos antes de acostarse, para ayudar a regular el ciclo del sueño. Se recomienda tomar con agua y sin comida para una mejor absorción.

**Tiempo de acción medio:**
El tiempo de inicio de acción es rápido, y suele mostrar efecto en la regulación del sueño después de una o dos semanas de uso continuo.

**Tiempo máximo de uso continuado recomendado:**
No hay un tiempo máximo establecido para el uso continuado, pero se recomienda utilizarla de forma intermitente para evitar la dependencia. Se recomienda consultar a un especialista si se planea utilizar durante más de seis meses seguidos, en especial en personas con trastornos crónicos del sueño.

# Pasiflora

También conocida como flor de la pasión, es una planta que se ha utilizado tradicionalmente por sus propiedades calmantes y sedantes. Se ha estudiado por sus efectos en el alivio de la ansiedad y el estrés. A continuación, se mencionan algunos beneficios:

▸ Acción calmante: Tiene propiedades relajantes que ayudan a reducir la ansiedad y promueven la sensación de calma. Actúa sobre los receptores del sistema nervioso central, aumentando los niveles de GABA, un neurotransmisor que regula la excitabilidad neuronal.

▸ Mejora del sueño: La pasiflora también se ha utilizado para mejorar la calidad del sueño y reducir los trastornos del sueño, como el insomnio. Su efecto calmante ayuda a conciliar el sueño más fácilmente y promueve un sueño más reparador.

▸ Reducción de los síntomas físicos de la ansiedad: Además de su efecto sobre el estado de ánimo, la pasiflora también ayuda a aliviar los síntomas físicos asociados con la ansiedad, como la tensión muscular, los dolores de cabeza y los trastornos digestivos.

**Dosis recomendada:**
Por lo general, la dosis suele oscilar entre 200 mg a 1800 mg al día.

**Posología:**
Se puede tomar una o dos veces al día, con o sin alimentos, según las indicaciones del producto.

**Tiempo de acción medio:**
Generalmente suele actuar entre 30 minutos a 1 hora después de la ingestión.

**Tiempo máximo de uso continuado recomendado:**
No hay un tiempo máximo establecido para su uso continuado, pero se recomienda no exceder las dosis recomendadas y descansar 15 días por cada 3 meses de uso. Si planeas tomarlo durante más de 1 año, consúltalo con un especialista.

# Efectos adversos, contraindicaciones e interacciones

A continuación, encontrarás información esencial sobre los posibles riesgos asociados con los suplementos recomendados para la artrosis. Es fundamental que revises esta sección con atención antes de comenzar a utilizarlos. Tu salud siempre es lo más importante.

## Ashwagandha

‣ **Efectos secundarios**: En general, se considera segura cuando se toma en dosis adecuadas. Sin embargo, algunas personas pueden experimentar malestar estomacal, diarrea o vómitos. También se ha informado de somnolencia en dosis más altas.

‣ **Contraindicaciones**: Se recomienda evitar la ashwagandha durante el embarazo y la lactancia debido a la falta de estudios suficientes sobre su seguridad en estas etapas. Además, las personas que tienen trastornos autoinmunes como lupus, artritis reumatoide o enfermedad de Hashimoto deben consultar a un médico antes de usarla, ya que podría estimular el sistema inmunológico.

‣ **Interacciones**: Puede interactuar con fármacos sedantes o inmunosupresores. También puede aumentar los efectos de los medicamentos para la diabetes, lo que puede requerir ajustes en la dosis.

## Camomila o Manzanilla

‣ **Efectos secundarios**: Es considerada generalmente segura para la mayoría de las personas cuando se consume en forma de infusión o suplemento. Sin embargo, algunas personas pueden experimentar reacciones alérgicas, especialmente si son alérgicas a las plantas de la familia Asteraceae.

‣ **Contraindicaciones**: Las personas alérgicas a las plantas de la familia Asteraceae –como la ambrosía, la caléndula o la margarita– deben evitar la camomila.

‣ **Interacciones**: Puede potenciar los efectos de fármacos sedantes, como los barbitúricos o los benzodiazepinas. También puede interactuar con fármacos anticoagulantes, antiplaquetarios o antiinflamatorios no esteroides.

## GABA

‣ **Efectos secundarios**: La mayoría de las personas toleran bien los suplementos de GABA. Sin embargo, algunas personas pueden experimentar somnolencia, mareos, náuseas o picazón en la piel.

‣ **Contraindicaciones**: Las personas que toman fármacos que afectan el sistema nervioso central, como los sedantes o los antiepilépticos, deben evitar el uso de suplementos de GABA sin consultar a un médico.

‣ **Interacciones**: El uso combinado de GABA y fármacos sedantes puede aumentar los efectos sedantes y causar somnolencia excesiva. Puede haber interacciones con fármacos que afectan los neurotransmisores del cerebro, por lo que es importante hablar con un médico antes de usarlo.

## Lavanda

‣ **Efectos secundarios**: En general, la lavanda es segura cuando se usa tópicamente o se inhala. Sin embargo, algunas personas pueden experimentar reacciones alérgicas o irritación cutánea.

‣ **Contraindicaciones**: No se han reportado contraindicaciones significativas para el uso de lavanda. Sin embargo, se recomienda evitar su uso en embarazadas o lactantes, a menos que sea bajo la supervisión de un médico.

▸ **Interacciones**: No se han identificado interacciones significativas con medicamentos hasta la fecha.

## L-teanina

▸ **Efectos secundarios**: En general, se considera segura y bien tolerada. No se han reportado efectos secundarios graves en dosis recomendadas. Sin embargo, algunas personas pueden experimentar somnolencia, cefalea, mareo o malestar estomacal.

▸ **Contraindicaciones**: No se han identificado contraindicaciones específicas. Sin embargo, se recomienda precaución en personas con presión arterial baja o que toman fármacos para la presión arterial, ya que la L-teanina puede tener un efecto ligeramente hipotensor.

▸ **Interacciones**: No se han identificado interacciones con fármacos o suplementos hasta la fecha.

## Magnesio

▸ **Efectos secundarios**: Es generalmente seguro cuando se toma en dosis recomendadas. Sin embargo, algunas personas pueden experimentar efectos secundarios leves, como malestar estomacal, diarrea o efecto laxante.

▸ **Contraindicaciones**: Aquellos con enfermedad renal grave o que están en diálisis deben evitar tomar suplementos de magnesio sin consultar a un médico. Las personas con trastornos cardíacos o que toman fármacos para la presión arterial deben hablar con un médico antes de usar suplementos de magnesio.

▸ **Interacciones**: Puede interactuar con ciertos fármacos, como los antibióticos tetraciclinas y fluoroquinolonas, así como con medicamentos para la osteoporosis, como los bifosfonatos. También puede afectar la absorción de medicamentos para la tiroides, como la levotiroxina.

## Melatonina

▸ **Efectos secundarios**: Generalmente se considera segura cuando se toma en dosis adecuadas y a corto plazo. Sin embargo, algunas personas pueden experimentar efectos secundarios leves como somnolencia, mareos, dolores de cabeza o cambios en los patrones de sueño.

‣ **Contraindicaciones**: Las personas con ciertas condiciones médicas, como trastornos autoinmunes, depresión, diabetes, epilepsia o trastornos hemorrágicos, deben hablar con un médico antes de tomar melatonina. También se recomienda evitarla durante el embarazo y la lactancia, ya que no se ha establecido suficiente evidencia sobre su seguridad en estas etapas.

‣ **Interacciones**: Puede interactuar con fármacos sedantes, anticoagulantes y medicamentos para la presión arterial. Puede afectar la eficacia de ciertos medicamentos para la diabetes.

## Pasiflora

‣ **Efectos secundarios**: Se considera generalmente segura y bien tolerada. Sin embargo, algunas personas pueden experimentar efectos secundarios leves como somnolencia, mareos, confusión o malestar estomacal.

‣ **Contraindicaciones**: No se han identificado contraindicaciones específicas para el uso de pasiflora. Sin embargo, se recomienda precaución en personas con enfermedad hepática o que toman fármacos que afectan el sistema nervioso central.

‣ **Interacciones**: Puede interactuar con fármacos sedantes o medicamentos que afectan el sistema nervioso central, como los antidepresivos o los medicamentos para la ansiedad. También puede aumentar los efectos de los medicamentos para la presión arterial.

Recuerda que es importante consultar a un profesional de la salud antes de tomar cualquier suplemento o hierba, en especial si estás tomando medicamentos o tienes condiciones médicas preexistentes.

# ALIMENTOS QUE TRANSFORMAN

A lo largo de la historia, nuestra alimentación ha experimentado cambios profundamente radicales, completamente distintos de los hábitos de nuestros antepasados. Hace millones de años, los primeros humanos estructuraban su dieta en torno a lo que podían recolectar o cazar, dependiendo de alimentos frescos y crudos que el entorno ponía a su alcance. Con la llegada de la agricultura y la ganadería, comenzó una nueva era en la nutrición humana, cambios que se aceleraron aún más con la Revolución Industrial. No obstante, es fundamental comprender que, mientras nuestros hábitos alimenticios evolucionaban de manera drástica, nuestra genética ha permanecido prácticamente sin cambios.

Con el tiempo, se incorporaron alimentos como los lácteos, los cereales, los azúcares refinados y los aceites vegetales, junto con el aumento de la producción intensiva de carne. Aunque estos productos han facilitado el acceso a las comidas y mejorado la practicidad en muchas ocasiones, también han sufrido modificaciones significativas en su composición nutricional. Además, los avances en la conservación de alimentos y las técnicas culinarias trajeron consigo nuevos métodos para almacenar y preparar los alimentos, transformando también su calidad.

En tiempos recientes, ha emergido un escenario preocupante: nuestras costumbres alimenticias han sido dominadas por la alimentación moderna basada en productos ultraprocesados, lo que ha contribuido al creciente aumento de enfermedades crónicas. Problemas como la obesidad, la diabetes tipo 2, la hipertensión y una larga lista de trastornos cardiovasculares y digestivos se han relacionado estrechamente con esta tendencia alimenticia. ¿Por qué ocurre esto? Principalmente porque los alimentos ultraprocesados contienen en exceso carbohidratos refinados, grasas perjudiciales, azúcares añadidos, aditivos químicos y aceites vegetales de pobre calidad. Incluso las carnes y otros productos de origen animal provenientes de sistemas de producción intensiva suelen estar cargados de elementos dañinos para la salud. Estos alimentos han desplazado las dietas tradicionales basadas en alimentos frescos y naturales, rompiendo el equilibrio que promovía el bienestar en nuestros ancestros.

Sin embargo, hay una esperanza para revertir esta realidad: realizar pequeños y conscientes cambios en nuestra alimentación puede producir grandes beneficios. Volver a una dieta equilibrada, rica en nutrientes y basada en alimentos frescos es clave para construir una base sólida de salud. Incorporar frutas, verduras frescas, tubérculos, legumbres, frutos secos y semillas es un excelente comienzo para transformar nuestra manera de nutrirnos. A pesar de ello, sigue existiendo un importante desafío: en muchas partes del mundo, el consumo de estos alimentos naturales permanece alarmantemente bajo.

Adoptar un estilo de vida basado en una alimentación consciente no solo ayuda a prevenir enfermedades asociadas con los malos hábitos dietéticos, sino que también revitaliza el cuerpo y la mente. Dar prioridad a los alimentos reales y reducir los ultraprocesados nos encamina hacia una vida más saludable, equilibrada y vigorosa. Este es el momento de reaprender el poder transformador de una dieta sana, no como una forma de restricción, sino como un acto de cuidado hacia nosotros mismos. ¡Tu salud merece ese compromiso!

## Comprendiendo el vínculo entre nutrición y salud

¿Cuántas veces te has preguntado si lo que comes realmente beneficia tu bienestar? La conexión entre la alimentación y la salud es mucho más profunda de lo que solemos imaginar. Aprender a identificar los alimentos que son aliados de una buena salud y aquellos que conviene evitar según tus necesidades particulares es clave para mejorar tu calidad de vida. Este tema, lejos de ser novedoso, ha sido objeto de estudio a lo largo de siglos. Desde tiempos remotos, distintas culturas han aprovechado el poder terapéutico de la nutrición para tratar enfermedades y fortalecer el cuerpo, dejando un legado lleno de sabiduría.

Los antiguos sistemas médicos, como la medicina tradicional china, las prácticas del antiguo Egipto, Grecia y Roma, junto con el Ayurveda de la India y los tratamientos indígenas de las Américas, exploraron las propiedades restauradoras de los alimentos naturales presentes en la dieta cotidiana. Este conocimiento, transmitido de generación en generación, se fundamentaba en la creencia de que los alimentos no solo nutren, sino que también protegen, alivian e incluso curan.

Durante mucho tiempo, la medicina convencional relegó estas

ideas considerándolas supersticiones sin sustento científico. A pesar de ello, las prácticas tradicionales inspiraron estudios modernos que han confirmado lo que nuestros antepasados intuían: lo que comemos tiene un impacto directo, no solo en nuestra salud física, sino también en nuestro estado emocional. Investigaciones actuales han logrado identificar compuestos en los alimentos que poseen propiedades terapéuticas, capaces de prevenir enfermedades, aliviar síntomas y mejorar el bienestar.

Los investigadores han dedicado años a estudiar cómo ciertos alimentos fortalecen el organismo y lo protegen contra afecciones crónicas. Al analizar comunidades con baja incidencia de enfermedades, han encontrado patrones alimenticios que contrastan con aquellas que sufren mayores problemas de salud. Estas observaciones han permitido comprender cómo determinados nutrientes influyen en la vitalidad y la longevidad. Por ejemplo, ciertos alimentos ofrecen beneficios específicos: propiedades antiinflamatorias que alivian el dolor crónico y los problemas articulares, efectos antimicrobianos que refuerzan el sistema inmunitario, acciones anticoagulantes que mejoran la salud cardiovascular, efectos antihipertensivos que regulan la presión arterial y compuestos que mejoran el estado de ánimo, disminuyendo la ansiedad y favoreciendo el bienestar emocional.

Lo que decides poner en tu plato no solo afecta tus niveles de energía diaria, sino también tu capacidad para recuperarte, resistir enfermedades y disfrutar de una vida plena. En contraposición, descuidar la dieta o elegir alimentos poco saludables puede agravar problemas físicos, potenciar síntomas y perjudicar tu bienestar.

Es inspirador saber que cada día tienes la oportunidad de apostar por una vida más saludable con tus decisiones alimenticias. Aunque factores externos como el clima o la contaminación escapen a tu control, tu alimentación es una herramienta esencial para cuidar tu cuerpo. Con cada ingrediente que eliges, impactas positivamente tanto tu físico como tu mente.

Saber cuáles alimentos son los más apropiados para tus necesidades específicas y cuáles podrían afectar tu salud te permitirá adaptar tu estilo de vida para lograr el equilibrio perfecto. La nutrición, como la medicina original de la humanidad, no solo es una fuente de bienestar, sino también un puente hacia nuestras raíces, que nos prepara para un futuro lleno de posibilidades.

Con esta recopilación de conocimientos, te invito a descubrir cómo la nutrición puede convertirse en tu mejor aliada para aliviar enfermedades, fortalecer el cuerpo y disfrutar de una vida más feliz. ¿Estás dispuesta/o a iniciar este camino de aprendizaje y transformación? Tu bienestar está en tus manos y cada decisión en la cocina puede abrir la puerta a una salud más plena y sostenible. Empieza hoy mismo: Nutre tu cuerpo, alimenta tu alma y vive con plenitud.

## Alimentos y ansiedad

La ansiedad es uno de los trastornos mentales más comunes a nivel mundial, impactando la vida de millones de personas de diversas formas. Si bien el tratamiento profesional, como la terapia psicológica, las técnicas de relajación, la meditación, el uso de fármacos o incluso las plantas medicinales, constituye un pilar fundamental en su manejo, la alimentación también ha demostrado ser un aliado clave. Investigaciones recientes han revelado que ciertos alimentos y los nutrientes que contienen pueden influir de manera positiva en el control de los síntomas de la ansiedad, ayudando a mejorar el bienestar general. A continuación, se exploran los nutrientes más relevantes y cómo incorporarlos a la alimentación diaria.

‣ **Ácidos grasos omega-3**: Estos ácidos grasos esenciales se encuentran principalmente en pescados grasos como el salmón, la caballa y las sardinas. Los omega-3 tienen propiedades antiinflamatorias y pueden ayudar a reducir los síntomas de la ansiedad. Se ha demostrado que los suplementos de omega-3 disminuyen la ansiedad en algunas personas y también pueden mejorar la eficacia de los tratamientos recetados para la ansiedad.

‣ **Complejo de vitamina B**: Las vitaminas del complejo B, como la B6, la B9 (ácido fólico) y la B12, desempeñan un papel importante en la función cerebral y el estado de ánimo. Se ha encontrado que los bajos niveles de vitamina B están asociados con un mayor riesgo de ansiedad y depresión. Las fuentes alimentarias de vitamina B incluyen carne, pescado, huevos, productos lácteos, legumbres y vegetales de hoja verde. Si tienes deficiencia de vitamina B, es posible que tu médico te recomiende un suplemento.

‣ **Magnesio**: Este mineral esencial desempeña un papel crucial en la función cerebral y el estado de ánimo. Se ha demostrado que posee propiedades relajantes y puede ayudar a reducir los síntomas de la ansiedad. Las fuentes alimentarias de magnesio incluyen nueces, semillas, legumbres, espinacas y plátanos.

‣ **Triptófano**: El triptófano es un aminoácido que se utiliza para producir serotonina, un neurotransmisor que regula el estado de ánimo. Se ha demostrado que los alimentos ricos en triptófano, como el pavo, los lácteos, las nueces y las semillas, pueden tener un efecto calmante.

‣ **Té verde**: El té verde contiene L-teanina, un aminoácido que se ha asociado con la reducción del estrés y la ansiedad. La L-teanina puede promover la relajación y mejorar la función cognitiva. Además, el té verde es una fuente de antioxidantes beneficiosa para la salud mental en general.

## Alimentos que curan según la MTC

La Medicina Tradicional China (MTC), con miles de años de sabiduría, ha reconocido el poderoso vínculo entre la alimentación y el equilibrio emocional. Según este enfoque milenario, ciertos alimentos poseen propiedades únicas que promueven la calma, fortalecen el sistema nervioso y contribuyen de manera significativa a mejorar los trastornos de ansiedad. Estos alimentos, valorados por su capacidad para nutrir el cuerpo y el espíritu, se presentan a continuación en orden alfabético, facilitando su identificación y consulta.

### Albaricoque (Prunus armeniaca)

*Ingredientes*: 150 gramos de ramas de albaricoque y 1 litro de aguardiente (preferiblemente de sorgo).

*Preparación*: Trocea las ramas y hiérvelas en agua durante 1 hora. Añade el aguardiente y hiérvelo unas 12 veces. Permite que se enfríe un poco y cuélalo. Toma esta preparación dos veces al día, la primera en ayunas y la segunda después del almuerzo o la merienda. Se ha observado que funciona mejor si se combina con un paseo previo.

### Ostras (Ostrea edulis)

*Ingredientes*: 40 gramos de carne de ostras y medio litro de agua.

*Preparación*: Prepara un caldo con las ostras y toma la mitad de la carne y el caldo por la mañana, y el resto por la noche.

### Sésamo con nueces

*Ingredientes*: 60 gramos de semillas de sésamo, 50 gramos de nueces, 8 gramos de semillas de hinojo, 50 ml de leche entera, 50 ml de aceite de sésamo y 50 ml de miel.

*Preparación*: Muele las semillas de sésamo, las nueces y el hinojo hasta obtener un polvo fino. Agrega la leche, el aceite de sésamo y la miel. Cocina la mezcla a fuego lento durante 30 minutos. Déjala enfriar y guárdala en un recipiente tapado en el refrigerador. Toma 10 gramos de esta preparación tres veces al día. Este remedio también es efectivo para tratar la depresión.

## Trigo (Triticum aestivum)

*Ingredientes*: 30 gramos de trigo integral ecológico, 9 gramos de raíz de regaliz y 6 dátiles.

*Preparación*: Mezcla todos los ingredientes en aproximadamente 300 ml de agua, cocínalos y tómalo una vez al día.

# Otros alimentos recomendables según la MTC

Si vives con ansiedad, sabes lo importante que es encontrar formas naturales y efectivas para sentirte más tranquila/o y descansar mejor. La Medicina Tradicional China, reconocida por su enfoque holístico del bienestar, sugiere otros alimentos que pueden ayudarte a encontrar ese equilibrio tan necesario. Estos ingredientes, elegidos por sus propiedades calmantes y su capacidad para apoyar el cuerpo y la mente, son excelentes aliados para mejorar tu día a día. A continuación, se presenta una lista de estos alimentos que podrían marcar una diferencia positiva en tu bienestar:

## Almendras

Para mejorar su digestibilidad y la asimilación de sus nutrientes, es recomendable remojar las almendras durante aproximadamente 8 horas.

## Pacanas

Consume de 10 a 15 pacanas crudas enteras al día. Estas te proporcionarán vitamina B6 (piridoxina orgánica), que es necesaria para el buen funcionamiento del sistema nervioso y ayuda a aliviar la tensión nerviosa.

## Plátanos

Los plátanos maduros son ricos en magnesio y potasio, los cuales contribuyen a la relajación muscular y al equilibrio del sistema nervioso. También contienen triptófano, un aminoácido conocido por sus propiedades inductoras del sueño, ya que es precursor de la serotonina, conocida como la "hormona de la felicidad y la relajación", y de la melatonina, la hormona que regula el sueño.

## Semillas de girasol

Las pipas de girasol tienen un alto contenido de vitaminas B1 y

B6, las cuales ayudan a mejorar trastornos como el insomnio, el estrés y el nerviosismo.

### Semillas de sésamo o tahini blanco

Estas semillas ayudan a conciliar el sueño gracias a su contenido de magnesio, triptófano y vitaminas B1 y B6.

Recuerda que estos alimentos pueden ser útiles tanto para relajarte, como para mejorar la calidad de tu sueño.

## Terapia alimenticia para dormir mejor

Si tu objetivo no solo es reducir la ansiedad, sino también disfrutar de un descanso nocturno profundo y reparador, es clave prestar atención a lo que consumes desde la tarde. Tanto en la merienda como en la cena, optar por alimentos o plantas medicinales específicas puede marcar una gran diferencia.

La cena, en particular, debe ser ligera y priorizar las proteínas, incluyendo opciones como pescado, huevos, pollo o pavo. Este tipo de enfoque no solo favorece un sueño más profundo, sino que también permite que el páncreas descanse de la carga que implican los hidratos de carbono.

Por otro lado, aunque el chocolate negro es rico en triptófano – un aminoácido asociado con la producción de serotonina y melatonina, ambas fundamentales para el buen descanso–, también contiene teobromina, un compuesto estimulante. Por esta razón, se recomienda evitar el consumo de chocolate antes de acostarte. Sin embargo, puedes disfrutarlo durante la mañana o el almuerzo, para aprovechar sus beneficios sin afectar tu sueño.

Si buscas un apoyo adicional, existen otros remedios naturales que pueden ayudarte a relajarte y a conciliar el sueño de forma más efectiva:

▸ **Leche templada con nuez moscada**: Una hora antes de acostarte, disfruta de una taza de leche templada o caliente con una pizca de nuez moscada (aproximadamente 1/8 de cucharadita pequeña). También puedes optar por leche de soja con un toque de miel, ideal para relajar tu cuerpo.

▸ **Leche especiada con semillas**: Otra alternativa es tomar una taza templada de leche con una cucharadita de una mezcla de semillas como nuez moscada, cardamomo y almendra, perfectamente machacadas. Este remedio combina propiedades calmantes y nutritivas.

▸ **Preparado de leche y ajo (para quienes no tienen reflujo o acidez)**: Si no padeces reflujo o acidez, prueba esta receta especial: Mezcla 1 taza de leche, 1/4 de taza de agua y 1 diente de ajo fresco picado. Hierve lentamente esta mezcla hasta que se reduzca a 1 taza de líquido. Es un remedio reconfortante que puede ayudarte a conciliar el sueño.

▸ **Zumo de tomate con especias** (merienda para un sueño profundo): Para un sueño reparador, prueba esta receta a media tarde: Mezcla 1 taza de zumo de tomate con 2 cucharaditas de azúcar moreno y 2 pellizcos de nuez moscada. Consume la bebida entre las 4 y las 5 de la tarde. Cena temprano, idealmente entre las 6 y las 7. Esto puede facilitar que tengas un sueño profundo esa noche.

▸ **Vinagre de arroz (si no tienes problemas estomacales)**: Si no sufres de molestias gástricas, toma un vaso de agua fría con una cucharadita de vinagre de arroz aproximadamente una hora antes de acostarte.

▸ **Vinagre de manzana con miel**: Mezcla 2 cucharaditas de vinagre de manzana y 1 cucharadita de miel en un vaso de agua caliente. Tómalo lentamente entre 30 y 60 minutos antes de dormir. Es una opción relajante y efectiva.

Nota importante: Estas sugerencias son recomendaciones generales y los efectos pueden variar según la persona. Escucha a tu cuerpo y ajusta estas recetas según tus necesidades y tolerancias.

## Alimentos y bebidas recomendados

Llevar una alimentación saludable y equilibrada puede ser clave para manejar los síntomas relacionados con la ansiedad y los ataques de pánico. Aunque los alimentos por sí solos no son una solución inmediata, ciertos nutrientes contribuyen a fomentar la calma, reducir el estrés y mejorar la estabilidad emocional. A continuación, se presenta una selección de alimentos y bebidas ideales para promover el bienestar emocional y ayudarte a sentirte más relajada/o.

▸ **Alimentos ricos en ácidos grasos omega-3**: Los ácidos grasos omega-3, como los que se encuentran en el pescado graso (salmón, sardinas, trucha), las semillas de chía, las nueces y el aceite de linaza, pueden tener efectos beneficiosos en la salud mental. Estos nutrientes pueden ayudar a reducir la inflamación en el cuerpo y promover la salud cerebral, lo cual tiene un impacto positivo en la ansiedad y los ataques de pánico.

‣ **Alimentos ricos en triptófano**: El triptófano es un aminoácido que juega un papel crucial en la producción de serotonina, un neurotransmisor que regula el estado de ánimo y la relajación. Los alimentos como el pavo, el pollo, los huevos, los plátanos, las nueces y las semillas de calabaza son ricos en triptófano y pueden ayudar a aumentar los niveles de serotonina en el cerebro, lo que tiene un efecto calmante y estabilizador en la ansiedad.

‣ **Alimentos ricos en magnesio**: El magnesio es un mineral esencial que está involucrado en más de 300 reacciones bioquímicas en el cuerpo, incluida la función cerebral y la regulación del estado de ánimo. Alimentos como las espinacas, las almendras, las semillas de girasol, los aguacates y los plátanos son ricos en magnesio y pueden ayudar a reducir la ansiedad y promover la relajación muscular.

‣ **Infusión de hierbas:** La infusión de hierbas, como la manzanilla, la lavanda, la valeriana y la melisa, entre otros, ha sido utilizado durante mucho tiempo como remedio natural para promover la relajación y aliviar el estrés. Estas hierbas contienen compuestos que pueden tener efectos calmantes en el sistema nervioso, lo que puede ser beneficioso para aquellos que sufren de ansiedad y ataques de pánico. Sin embargo, es importante tener en cuenta que cada persona puede reaccionar de manera diferente, por lo que es recomendable probar diferentes tipos de té de hierbas para encontrar el que mejor funcione para ti.

‣ **Frutas y verduras**: Las frutas y verduras están llenas de vitaminas, minerales y antioxidantes que son necesarios para mantener un equilibrio adecuado en el cuerpo. Además, muchos de ellos contienen fibra, lo que puede ayudar a regular los niveles de azúcar en la sangre y evitar cambios bruscos en el estado de ánimo. Opta por frutas y verduras frescas y coloridas, como bayas, naranjas, espinacas y brócoli, para obtener una variedad de nutrientes beneficiosos.

‣ **Agua**: Mantenerse hidratado es esencial para el funcionamiento adecuado del cuerpo y la mente. La deshidratación puede afectar negativamente el estado de ánimo y aumentar los niveles de estrés. Asegúrate de beber suficiente agua durante todo el día para mantener tu cuerpo hidratado y promover una buena salud mental.

## Alimentos y bebidas a limitar o evitar

La alimentación juega un papel fundamental en el manejo de la ansiedad y los ataques de pánico. Algunos alimentos y bebidas pueden intensificar los síntomas, por lo que es importante ser consciente de aquello que consumimos. Aunque cada persona reacciona de manera diferente, hay ciertos productos que suelen actuar como desencadenantes comunes. A continuación, se presenta una lista de los más habituales que es mejor limitar o evitar para cuidar tu bienestar emocional.

‣ **Cafeína**: La cafeína es un estimulante del sistema nervioso central que puede aumentar la frecuencia cardíaca, la presión arterial y la activación del sistema nervioso, lo que puede desencadenar o exacerbar los síntomas de la ansiedad y los ataques de pánico. Por lo tanto, es importante limitar o evitar el consumo de café, té, bebidas energéticas, refrescos y chocolate, ya que todos ellos contienen cafeína.

‣ **Alcohol**: Aunque algunas personas pueden recurrir al alcohol para relajarse, en realidad puede empeorar los síntomas de ansiedad y los ataques de pánico. El alcohol es un depresor del sistema nervioso central que puede afectar el equilibrio químico del cerebro y aumentar la sensación de ansiedad y nerviosismo. Además, el consumo excesivo de alcohol tiene efectos negativos en la salud mental en general.

‣ **Azúcar refinado**: El consumo excesivo de azúcar refinado puede afectar los niveles de azúcar en la sangre, lo que puede desencadenar cambios bruscos en el estado de ánimo y empeorar los síntomas de ansiedad. Además, los alimentos y bebidas que contienen azúcares añadidos suelen tener un valor nutricional bajo y pueden contribuir al aumento de peso, lo cual puede afectar negativamente la autoestima y la salud mental.

‣ **Alimentos procesados y comida rápida**: Los alimentos procesados y la comida rápida suelen contener cantidades elevadas de grasas saturadas, sal y aditivos artificiales. Estos ingredientes pueden tener un impacto negativo en la salud mental, ya que pueden afectar la función cerebral y contribuir a la inflamación sistémica en el cuerpo. Además, estos alimentos suelen tener un valor nutricional bajo y pueden afectar negativamente el estado de ánimo y la energía en general.

▸ **Alimentos ricos en grasas saturadas**: Las grasas saturadas se encuentran principalmente en alimentos de origen animal, como carnes grasas, productos lácteos enteros y alimentos fritos. Estos alimentos pueden afectar la salud cardiovascular, lo cual puede tener un impacto en la ansiedad y los ataques de pánico, ya que existe una conexión entre la salud del corazón y la salud mental.

▸ **Alimentos con alto contenido de sodio**: El consumo excesivo de sodio puede contribuir a la retención de líquidos y aumentar la presión arterial, lo cual puede empeorar los síntomas de ansiedad y los ataques de pánico. Por lo tanto, es importante limitar el consumo de alimentos salados, como los alimentos procesados, las comidas para llevar y los aperitivos salados.

Cada persona es única y puede reaccionar de manera distinta a ciertos alimentos y bebidas, por lo que es esencial estar atento a cómo te afectan. Si notas que algún alimento o bebida empeora tus síntomas de ansiedad, opta por eliminarlo de tu dieta. Una estrategia útil es llevar un diario donde registres cómo te sientes después de consumir diferentes alimentos y bebidas. Esto te ayudará a identificar patrones y descubrir con precisión cuáles no son adecuados para tu bienestar emocional.

## Formas de cocinar y salud

Cocinar de manera saludable es esencial para todas las personas pero adquiere una mayor importancia a partir de los 40 años. A continuación, se presentan diversas técnicas de cocina, junto con sus beneficios y riesgos para la salud:

### Formas más saludables de cocinar

▸ **Vapor**: El método de cocción al vapor es una excelente opción para preservar los nutrientes de los alimentos, ya que no se utilizan grasas adicionales. El vapor ayuda a mantener los alimentos tiernos y jugosos, y es una forma suave de cocinar que no contribuye a la formación de compuestos dañinos.

▸ **Asado al horno**: El asado al horno es una forma saludable de cocinar, ya que no requiere el uso de aceites añadidos. Puedes asar una variedad de alimentos, como verduras, pescado y pollo, para obtener una comida nutritiva y sabrosa.

‣ **Salteado ligero**: El salteado ligero implica cocinar los alimentos rápidamente a fuego alto con un poco de aceite saludable, como el aceite de oliva virgen extra de primera presión en frío. Esta técnica permite que los alimentos se cocinen rápidamente, conservando la textura y los nutrientes.

‣ **Hervido**: El hervido es una forma saludable de cocinar, especialmente para las verduras. Al hervir las verduras, se conservan los nutrientes y se obtiene una textura tierna. Es importante no cocinar en exceso para evitar la pérdida de nutrientes.

‣ **Horneado**: El horneado es una excelente forma de cocinar alimentos sin la necesidad de añadir aceites adicionales. Puedes hornear pescado, aves, vegetales y granos enteros para obtener platos saludables y deliciosos.

## Formas menos saludables de cocinar

‣ **Fritura**: La fritura implica sumergir los alimentos en aceite caliente, lo cual aumenta la cantidad de grasas saturadas y calorías. Además, la fritura a altas temperaturas genera compuestos dañinos para la salud.

‣ **Empanado y rebozado**: El empanado y rebozado de alimentos aumenta la cantidad de calorías y grasas en un plato. Los alimentos empanados suelen absorber más aceite durante la cocción, lo que resulta en una comida menos saludable.

‣ **Salsas y aderezos cremosos**: Las salsas y aderezos cremosos a menudo contienen altas cantidades de grasas saturadas y calorías adicionales. Estas salsas pueden aumentar la inflamación y empeorar los dolores.

‣ **Parrilla a altas temperaturas**: Cocinar los alimentos a altas temperaturas en la parrilla puede generar compuestos dañinos, como hidrocarburos aromáticos policíclicos y aminas heterocíclicas, que se han relacionado con un mayor riesgo de cáncer. Además, la carne a la parrilla suele generar compuestos inflamatorios.

Recuerda que la forma en que cocines los alimentos puede tener un impacto en su valor nutricional y en cómo afectan a tu cuerpo. Es importante elegir métodos de cocción saludables para maximizar los beneficios de los alimentos y reducir los posibles efectos negativos.

# Apoyo para la ansiedad: Recetas fáciles y deliciosas

Descubre una selección de recetas rápidas, saludables y llenas de sabor, diseñadas para ayudarte a reducir la ansiedad y el estrés. Estas opciones no solo son fáciles de preparar, sino que también están cargadas de nutrientes que favorecen tu bienestar emocional. ¡Prepárate para disfrutar mientras cuidas de ti misma/o!

## Desayunos

**1. Batido de plátano y espinacas**: Mezcla un plátano maduro, un puñado de espinacas frescas, leche (puedes elegir la que prefieras) y una cucharada de mantequilla de almendras. Licúa todo hasta obtener una mezcla suave y disfruta.

**2. Tazón de yogur con frutas y nueces**: Combina yogur natural, rodajas de frutas frescas como fresas o arándanos, y añade nueces picadas por encima. Puedes endulzarlo con un poco de miel si lo deseas.

**3. Pan integral con aguacate y huevo**: Tuesta una rebanada de pan integral, luego agrega rodajas de aguacate fresco y un huevo cocido o revuelto.

**4. Avena con frutas**: Prepara un tazón de avena y agrégale rodajas de plátano, arándanos y nueces. Puedes endulzarlo con un poco de miel o stevia.

**5. Tortilla de claras de huevo con espinacas**: Bate claras de huevo y agrégales espinacas picadas. Cocina la tortilla a fuego medio hasta que esté firme. Acompáñala con una rebanada de pan integral tostado.

**6. Smoothie de bayas y almendras**: Mezcla bayas congeladas (como frambuesas, moras o arándanos), leche de almendras, una cucharada de almendras y un poco de hielo. Licúa todo hasta obtener una consistencia suave.

**7. Tostadas de aguacate y salmón**: Tuesta una rebanada de pan integral y úntala con aguacate machacado. Agrega unas rodajas de salmón ahumado y un poco de jugo de limón.

**8. Muesli casero**: Mezcla avena, nueces, almendras, semillas de chía y pasas. Sirve con yogur natural y añade un poco de miel o jarabe de arce para endulzar.

**9. Crepes de frutas**: Prepara crepes (puedes encontrar recetas fáciles en línea) y rellénalos con rodajas de frutas frescas como plátano, fresas o kiwi. Puedes espolvorear un poco de canela por encima.

## Almuerzos

**1. Ensalada de salmón y aguacate**: Prepara una base de lechuga o espinacas frescas y añade filetes de salmón a la parrilla, rodajas de aguacate, tomate cherry y pepino. Aliña con una vinagreta ligera de limón y aceite de oliva.

**2. Pollo al horno con vegetales asados**: Hornea pechugas de pollo sazonadas con hierbas aromáticas y acompáñalas con una variedad de vegetales asados como zanahorias, calabacines y pimientos. Puedes rociar los vegetales con un poco de aceite de oliva y sal antes de asarlos.

**3. Tazón de quinoa con vegetales y garbanzos**: Cocina quinoa y mézclala con vegetales salteados como espinacas, champiñones y zanahorias. Añade garbanzos cocidos y aliña con una vinagreta de limón y tahini.

**4. Wrap de pollo y verduras**: Envuelve pechugas de pollo a la parrilla, tiras de pimientos, espinacas y aguacate en una tortilla de trigo integral. Puedes condimentarlo con salsa de yogur bajo en grasa o hummus.

**5. Sopa de lentejas**: Prepara una reconfortante sopa de lentejas con vegetales como zanahorias, apio y cebolla. Puedes añadir especias como cúrcuma y comino para darle sabor extra.

**6. Pescado a la plancha con puré de patatas dulces**: Cocina un filete de pescado a la plancha y sírvelo con puré de patatas dulces. El puré de patatas dulces se puede preparar hirviendo y luego machacando las patatas con un poco de leche y canela.

**7. Stir-fry de pollo y verduras**: Saltea trozos de pechuga de pollo con una variedad de verduras como brócoli, zanahorias, pimientos y champiñones en una sartén con un poco de aceite de oliva. Condimenta con salsa de soja baja en sodio y sirve sobre arroz integral.

**8. Ensalada de quinoa y aguacate**: Mezcla quinoa cocida con aguacate en cubitos, tomate cherry, pepino, cilantro fresco y jugo de limón. Puedes agregar también alubias negras para obtener más proteínas.

**9. Tacos de pescado**: Marinada filetes de pescado blanco en una mezcla de jugo de limón, ajo y especias como comino y pimentón. Cocina los filetes a la parrilla o al horno y sirve en tortillas de maíz con repollo rallado, salsa de yogur y salsa picante.

**10. Curry de garbanzos y espinacas**: Prepara un delicioso curry vegetariano con garbanzos, espinacas, tomate, cebolla y una mezcla de especias como curry en polvo, cúrcuma, comino y jengibre. Sirve con arroz integral.

**11. Pechuga de pollo rellena de espinacas y queso feta**: Corta una abertura en una pechuga de pollo y rellénala con espinacas frescas y queso feta desmenuzado. Cocina al horno hasta que el pollo esté bien cocido y dorado. Acompáñalo con una ensalada verde.

**12. Ensalada de garbanzos y aguacate**: Combina garbanzos cocidos, aguacate en cubitos, tomate cherry, pepino y cebolla roja en una ensaladera. Aliña con vinagreta de limón y aceite de oliva. Puedes agregar hojas de menta picadas para darle un toque fresco.

**13. Wraps de vegetales a la parrilla**: Asa vegetales como calabacín, berenjena, pimientos y cebolla en la parrilla. Colócalos en tortillas de trigo integral junto con hummus, hojas de lechuga y rodajas de tomate. Envuelve y disfruta.

**14. Salmón al horno con salsa de limón y eneldo**: Hornea filetes de salmón con una salsa hecha de jugo de limón fresco, eneldo picado, ajo picado, aceite de oliva, sal y pimienta. Sirve con una guarnición de verduras al vapor o una ensalada.

**15. Buddha Bowl de vegetales y proteínas**: Prepara un bowl con una base de quinoa o arroz integral, y agrega vegetales asados como brócoli, zanahorias y batata. Añade también proteínas como pollo a la parrilla, tofu o garbanzos. Completa con un aderezo ligero a base de yogur y limón.

## Meriendas

**1. Palitos de zanahoria con hummus**: Corta zanahorias en palitos y acompáñalos con hummus casero o comprado.

**2. Puñado de frutos secos**: Mezcla almendras, nueces y pistachos para tener un snack nutritivo y rico en grasas saludables.

**3. Rodajas de manzana con mantequilla de almendras**: Corta una manzana en rodajas y úntalas con mantequilla de almendras.

**4. Rollitos de jamón y queso**: Toma una loncha de jamón y coloca en el centro una tira de queso bajo en grasa. Enróllalo y disfrútalo como snack.

**5. Yogur griego con semillas de chía y frutas**: Mezcla yogur griego con semillas de chía y añade trozos de frutas frescas como piña, mango o kiwi.

**6. Barritas de granola caseras**: Mezcla avena, miel, frutos secos picados y semillas de tu elección. Presiona la mezcla en un molde rectangular y refrigera durante unas horas. Corta en barritas y disfruta.

**7. Rollitos de pepino y salmón**: Corta finas lonchas de pepino y coloca en cada una un poco de salmón ahumado y queso crema bajo en grasa. Enróllalos y disfrútalos como merienda refrescante.

**8. Popcorn casero**: Prepara palomitas de maíz en casa sin añadir mantequilla ni sal. Puedes sazonarlas con especias como paprika, curry en polvo o ajo en polvo para darles sabor.

**9. Mini frittatas**: Bate huevos con verduras picadas como espinacas, pimientos y champiñones. Vierte la mezcla en moldes de muffins y hornea hasta que estén cocidas. Son perfectas para llevar como merienda.

## Cenas

**1. Salmón a la plancha con espárragos**: Cocina un filete de salmón a la plancha con sal, pimienta y jugo de limón. Acompáñalo con espárragos asados con un poco de aceite de oliva y sal.

**2. Ensalada de pollo a la parrilla con aguacate**: Prepara una ensalada con lechuga, tomate, pepino y pollo a la parrilla. Agrega aguacate en cubitos y aliña con vinagreta de limón y aceite de oliva.

**3. Pavo relleno de vegetales**: Rellena un filete de pechuga de pavo con espinacas, tomate seco, y queso bajo en grasa. Ásalo en el horno hasta que esté bien cocido y dorado. Sirve con una guarnición de vegetales al vapor.

**4. Curry de vegetales con leche de coco**: Prepara un curry utilizando una mezcla de vegetales como brócoli, zanahorias, pimientos y champiñones. Cocina en una salsa de leche de coco con especias como curry en polvo, cúrcuma y jengibre. Sirve con arroz integral.

**5. Tacos de camarones con guacamole**: Saltea camarones con especias como comino, pimentón y ajo en polvo. Sirve en tortillas de maíz con guacamole casero (aguacate, tomate, cebolla, cilantro y jugo de limón).

**6. Sopa de verduras y lentejas**: Prepara una sopa reconfortante con verduras como zanahorias, apio y calabacín, y añade lentejas cocidas para obtener proteínas adicionales. Condimenta con hierbas y especias al gusto.

**7. Ensalada de quinoa y vegetales asados**: Cocina quinoa y mézclala con vegetales asados como calabaza, berenjena, pimientos y cebolla. Agrega espinacas frescas y aliña con una vinagreta ligera de limón y aceite de oliva.

**8. Pechuga de pollo al limón con espárragos**: Marinar pechugas de pollo en jugo de limón, ajo y hierbas de tu elección. Cocina a la parrilla o al horno y acompaña con espárragos asados y una porción de arroz integral.

**9. Wraps de salmón ahumado y aguacate**: Envuelve salmón ahumado, aguacate en rodajas, espinacas y queso crema bajo en grasa en una tortilla de trigo integral. Puedes agregar también pepino en rodajas y cebolla roja para más sabor.

**10. Curry de garbanzos y espinacas**: Prepara un curry vegetariano con garbanzos, espinacas, tomates, cebolla y una mezcla de especias como curry en polvo, cúrcuma y comino. Acompaña con arroz integral.

**11. Sopa de fideos de arroz y verduras**: Hierve fideos de arroz y cocina con vegetales como zanahorias, brócoli y champiñones en un caldo bajo en sodio. Puedes agregar tofu o pollo desmenuzado para más proteínas.

**12. Rollitos de lechuga con carne de res y verduras**: Saltea tiras de carne de res magra con pimientos, cebolla y zanahorias. Sirve en hojas de lechuga y agrega salsa de soja baja en sodio o salsa de maní para condimentar.

**13. Pescado al horno con vegetales al vapor**: Hornea un filete de pescado como el salmón o la lubina con limón, sal, pimienta y hierbas frescas. Acompáñalo con una guarnición de vegetales al vapor como brócoli, zanahorias y coliflor.

**14. Ensalada de garbanzos y vegetales**: Combina garbanzos cocidos con vegetales frescos como tomate, pepino, pimiento y cebolla. Aliña con una vinagreta de mostaza y miel, y agrega hojas de cilantro o perejil para darle un toque fresco.

**15. Pollo a la naranja con arroz integral**: Prepara una salsa de naranja casera con jugo de naranja, ajo, jengibre y salsa de soja baja en sodio. Cocina pechugas de pollo en la salsa y sirve sobre una porción de arroz integral.

**16. Tofu salteado con vegetales**: Saltea cubos de tofu con una variedad de vegetales como brócoli, champiñones, zanahorias y espinacas en una sartén antiadherente con un poco de aceite de oliva. Agrega salsa de soja baja en sodio y sirve con fideos de trigo integral.

**17. Ensalada de quinoa y salmón ahumado**: Mezcla quinoa cocida con salmón ahumado en trozos, pepino, tomate cherry y aguacate en cubitos. Aliña con una vinagreta de limón y aceite de oliva, y agrega hojas de rúcula o espinacas para más sabor.

**18. Sopa de lentejas y verduras**: Prepara una sopa reconfortante con lentejas, zanahorias, apio, cebolla y caldo de verduras bajo en sodio. Condimenta con hierbas como tomillo y romero, y sirve con una rebanada de pan integral.

Recuerda que una alimentación balanceada, rica en nutrientes y baja en grasas saturadas puede ayudar a controlar el estrés y la ansiedad. Además, es importante escuchar a tu cuerpo y adaptar las recetas según tus preferencias y necesidades. ¡Espero que estas recetas te inspiren y te ayuden a disfrutar de cenas saludables y deliciosas!

# ZUMOS Y JUGOS

Los alimentos crudos, también llamados alimentos 'vivos', son una fuente excepcional de vitaminas, minerales, fibra, oligoelementos, enzimas y otros compuestos beneficiosos que protegen nuestra salud. Incorporarlos en la rutina alimentaria no solo ayuda a prevenir enfermedades, sino que también mejora síntomas asociados con diversos trastornos, retrasa el envejecimiento, regula la flora intestinal y aporta energía y vitalidad.

Además de consumir ensaladas, frutas enteras y frutos secos, una de las formas más sencillas y cómodas de garantizar este aporte diario es mediante la preparación de zumos, batidos y jugos caseros. Estas bebidas son una alternativa ideal para quienes no disfrutan de consumir frutas y verduras directamente, ofreciendo una manera deliciosa y nutritiva de integrar estos alimentos esenciales. En un mundo dominado por alimentos ultraprocesados y toxinas, necesitamos más que nunca buenos nutrientes que favorezcan la desintoxicación del organismo y mantengan la salud en equilibrio.

Una práctica común entre muchas personas es utilizar solo frutas para preparar sus zumos y batidos, pasando por alto las extraordinarias propiedades de las verduras y hortalizas. Incorporarlas no solo aporta variedad y mayor valor nutricional, sino que también potencia los beneficios de estas preparaciones, que destacan por sus capacidades antioxidantes, remineralizantes, tonificantes y alcalinizantes. Estas cualidades ayudan a equilibrar el organismo, rejuvenecer las células y mejorar el bienestar general. Además, incluir verduras y hortalizas permite reducir el índice glucémico, aumentar la sensación de saciedad y optimizar los beneficios para la salud.

Es importante destacar que la mayoría de los zumos disponibles en supermercados y tiendas están lejos de ser opciones saludables. Normalmente, estos productos industriales contienen cantidades excesivas de azúcares añadidos, edulcorantes, conservantes y otros aditivos químicos que resultan perjudiciales. Por otro lado, los procesos de pasteurización eliminan gran parte de las vitaminas y enzimas esenciales, y muchas carecen de fibra debido a su alto nivel de refinamiento. En muchos casos, contienen muy poca fruta real, convirtiéndose así en productos altamente procesados y carentes de valor nutricional.

Otro aspecto preocupante es su elevado índice glucémico, capaz de provocar picos de azúcar en la sangre, favorecer el aumento de peso y generar alteraciones metabólicas a largo plazo. Por estas razones, la mejor manera de disfrutar de zumos y batidos saludables es elaborarlos en casa, empleando ingredientes frescos, naturales y de calidad, garantizando así una bebida rica en nutrientes y beneficios reales para nuestro cuerpo.

Para mantener un cuerpo sano y lleno de energía, incorporar la ingesta diaria de zumos frescos de frutas, verduras y hortalizas es una práctica ideal. La amplia variedad de combinaciones posibles no solo proporciona sabor y frescura, sino que también ofrece ventajas específicas para afecciones como la artritis, gracias a nutrientes clave que favorecen el bienestar integral. Convertir esta costumbre en un hábito cotidiano puede transformar tu salud, revitalizarte y mejorar tu calidad de vida. ¡Atrévete a probarlo y siente la diferencia!

## Beneficios para la ansiedad

Incorporar zumos, jugos y batidos caseros a tu dieta puede ser un cambio sencillo pero profundamente transformador cuando te enfrentas a la ansiedad. Estos preparados naturales son mucho más que una bebida refrescante; están repletos de frutas, verduras y superalimentos frescos que brindan una poderosa combinación de vitaminas, minerales y antioxidantes, claves para apoyar la salud de tu mente y cuerpo. Su preparación casera te permite controlar su contenido, garantizando que contengan solo ingredientes beneficiosos y evitando azúcares añadidos o conservantes.

El estrés y la ansiedad suelen agotar las reservas de nutrientes en el cuerpo, como las vitaminas del grupo B, el magnesio o los omega-3. Los zumos y batidos, al estar elaborados con ingredientes frescos, son una manera eficiente y deliciosa de reponer estas carencias. Además, los sabores naturales y las texturas suaves favorecen una experiencia sensorial placentera, que puede convertirse en un momento de autocuidado y tranquilidad dentro de tus rutinas diarias.

Descubrir el potencial de estos elixires nutritivos te permitirá no solo mejorar tu bienestar emocional, sino también conectarte con hábitos alimenticios más conscientes y equilibrados. Cada sorbo de estas bebidas saludables es una oportunidad para revitalizar tu energía, encontrar calma y cuidar de ti mismo/a desde el interior hacia el exterior. ¡Haz de los zumos y batidos caseros un aliado diario en tu búsqueda de serenidad!

## Zumos y jugos: Descubre su poder

Incluir licuados o batidos en tu alimentación diaria puede ser una excelente manera de mejorar tu salud y bienestar. Estos son algunos de sus beneficios más destacados:

‣ **Cumplimiento de la ingesta recomendada de frutas y verduras**: Los licuados y batidos son una forma práctica y deliciosa de alcanzar las 5 raciones diarias recomendadas de frutas y verduras, asegurando una amplia gama de nutrientes esenciales para nuestro cuerpo.

‣ **Fácil asimilación y digestión**: Al estar en forma líquida, se digieren con mayor facilidad y permiten la rápida absorción de nutrientes, siendo ideales para personas con sensibilidad o problemas digestivos.

‣ **Complemento vitamínico y mineral**: Elaborados con frutas y verduras frescas, los licuados y batidos son una excelente fuente de vitaminas y minerales esenciales para el funcionamiento óptimo de nuestro organismo.

‣ **Depuración y desintoxicación del organismo**: Ingredientes como hojas verdes y antioxidantes naturales favorecen la eliminación de toxinas, promoviendo la salud celular y una limpieza interna efectiva.

‣ **Equilibrio del pH corporal**: Gracias a alimentos alcalinos, los licuados y batidos ayudan a estabilizar el pH del cuerpo, contribuyendo a prevenir enfermedades y fomentar el bienestar.

‣ **Reducción de la inflamación**: Ingredientes con propiedades antiinflamatorias como el jengibre, la cúrcuma o las hojas verdes ayudan a combatir la inflamación y cuidar de nuestro bienestar general.

‣ **Sustitución de una comida completa**: Combinar proteínas, grasas saludables y carbohidratos complejos convierte a los batidos en una opción equilibrada y nutritiva para reemplazar una comida completa, promoviendo saciedad y energía sostenida.

▸ **Mantenimiento del peso ideal**: Su bajo contenido calórico y alta concentración de nutrientes favorecen una alimentación equilibrada, ayudándote a controlar el apetito y alcanzar tu peso ideal.

▸ **Mejora la salud y belleza de la piel**: Vitaminas como la A y la C contenidas en los ingredientes frescos contribuyen a una piel radiante, saludable y bien hidratada.

▸ **Retraso del envejecimiento celular**: Los antioxidantes presentes en los ingredientes combaten el daño oxidativo, ayudando a preservar una apariencia más juvenil y protegiendo las células de nuestro cuerpo.

▸ **Aporte de energía y vitalidad**: Los licuados y batidos pueden incluir superalimentos que otorgan un impulso de energía duradero, manteniéndote activo y revitalizado durante todo el día.

En conclusión, los licuados y batidos son una opción nutritiva, práctica y versátil para incorporar en tu alimentación. Además de facilitar el consumo diario de frutas y verduras, ofrecen una variedad de beneficios para tu salud y bienestar general, todo ello de una manera deliciosa y fácil de disfrutar.

## Diferencias entre los zumos caseros y los comerciales

Hoy en día, resulta complicado distinguir qué alimentos realmente benefician nuestra salud. La variedad en los supermercados es abrumadora, con estantes repletos de opciones atractivas y envases llamativos que prometen ser naturales y saludables. A menudo, la publicidad y el diseño captan nuestra atención, pero ¿estamos comprando auténticas bebidas naturales a base de frutas y/o verduras? ¿Sabes cuáles son las principales diferencias entre un preparado casero y las opciones industriales? ¿Es verdad que los productos envasados son tan nutritivos como aparentan? Si dedicas unos minutos a leer detenidamente sus ingredientes y analizar su composición, podrías llevarte más de una sorpresa.

Hace algunos años, se establecieron regulaciones internacionales para definir los estándares que cada bebida a base de frutas debe cumplir, especificando las características precisas de cada tipo de producto. En las próximas líneas, exploraremos estos aspectos y aclararemos las diferencias esenciales.

### ‣ Zumo de fruta

Esta bebida se elabora a partir de frutas frescas, refrigeradas o congeladas, sin pasar por procesos de fermentación. Puede incluir la pulpa de la fruta extraída por separado y, en algunos casos, estar compuesta por una mezcla de varias frutas. En su etiqueta debe especificarse la composición en orden decreciente, incluyendo el porcentaje de cada una.

A menudo se somete a tratamientos de esterilización o pasteurización para prolongar su vida útil y evitar la necesidad de refrigeración. Sin embargo, este proceso conlleva una pérdida significativa de nutrientes esenciales, como vitaminas y enzimas. Además, carece de la fibra natural presente en las frutas enteras.

### ‣ Zumo a partir de concentrados

Se elabora reconstituyendo zumos concentrados mediante la mezcla con agua. Para obtener el concentrado, se extrae el jugo natural de la fruta mediante evaporación u otros procesos físicos. En este punto, pueden añadirse aromas o pulpa de frutas similares para recuperar parte del sabor.

Aunque es una opción extendida, durante su elaboración se pierden enzimas, la mayoría de las vitaminas, parte de los minerales y la fibra que caracteriza a la fruta natural.

### ‣ Zumo de fruta deshidratado o en polvo

En este caso, se elimina el agua de las frutas para obtener un producto seco en forma de polvo, que posteriormente puede rehidratarse añadiendo agua o comercializarse directamente en esta presentación. Este proceso también implica la pérdida de enzimas, vitaminas, minerales y fibra.

### ‣ Néctar de fruta

No corresponde a un zumo en sentido estricto, sino a una bebida preparada con concentrado de frutas, agua y azúcares o edulcorantes. Su perfil nutricional es bastante pobre en comparación con las frutas naturales, y habitualmente se le añaden aditivos para mejorar el sabor, el color o garantizar su conservación.

### ‣ Bebidas con zumo

Estas mezclas combinan diversas frutas, pero el porcentaje real de zumo es muy bajo. En su mayoría, estas bebidas carecen de los nutrientes naturales de la fruta, porque están compuestas principalmente de agua, aromas, colorantes y edulcorantes.

### ‣ Bebidas de zumo con leche

Aunque incluyen zumo de frutas, este generalmente proviene de concentrados y en cantidades mínimas. Se combinan con leche, agua, aromas y otros ingredientes. Estas bebidas no pueden calificarse como auténticos zumos, y las vitaminas presentes suelen añadirse artificialmente durante el proceso de elaboración para compensar la pérdida de nutrientes en los pasos previos.

#### ‣ Jugos de hortalizas y/o verduras

Elaborados a través de procesos industriales, estos productos obtienen el líquido de verduras y hortalizas mediante métodos de extracción específicos. Pueden incluir adicionados de pulpa o purés de vegetales procesados, además de mezclas de diferentes variedades para crear perfiles más equilibrados o atractivos.

Por lo general, estos jugos están sometidos a tratamientos como la pasteurización o la esterilización, lo que extiende su vida útil y evita la necesidad de refrigeración. Sin embargo, estos procesos suelen reducir la concentración de nutrientes esenciales como vitaminas y fitonutrientes. También carecen de fibra natural, y en algunos casos se añaden conservantes, sal o potenciadores del sabor que alteran su valor nutricional.

#### ‣ Batidos comerciales

Los batidos industriales mezclan frutas, verduras y/o hortalizas en forma de purés o concentrados con agua, leche, bebidas vegetales u otros líquidos. Su textura es más espesa que la de los jugos porque suelen incluir mayor proporción de pulpa o ingredientes ricos en fibra.

Para mejorar su aspecto, sabor y durabilidad, los batidos comerciales pueden contener azúcares añadidos, conservantes, colorantes y aromas que alteran su composición natural. Además, suelen ser sometidos a procesos como la pasteurización o esterilización térmica para garantizar su conservación a temperatura ambiente. Esto también puede impactar los nutrientes originales, afectando su calidad nutricional.

## Ventajas de los zumos y jugos caseros

Después de descubrir qué contienen realmente los preparados comerciales, resulta evidente que prepararlos en casa tiene muchísimas ventajas. A continuación se presentan las principales:

‣ **Control total de los ingredientes**: Al preparar nuestros propios zumos, tenemos la certeza de los ingredientes que usamos. Sin aditivos innecesarios, sin conservantes y, sobre todo, sin sorpresas desagradables.

▸ **Variedad y creatividad**: Podemos elegir nuestras frutas y verduras favoritas, experimentar con combinaciones o aprovechar todo lo que esté de temporada. Esto no solo trae una explosión de sabores diferentes, sino también un aumento en los beneficios nutricionales.

▸ **Aroma y sabor auténtico**: Los zumos caseros destacan por mantener el aroma y sabor genuino de las frutas y verduras frescas. Nada se compara con disfrutar de un zumo recién hecho, lleno de frescura natural.

▸ **Retención máxima de nutrientes**: Vitaminas, minerales, enzimas naturales, antioxidantes y otros nutrientes permanecen intactos cuando preparamos los zumos. Esto amplifica los beneficios para nuestra salud de forma significativa.

▸ **Productos de calidad**: Tenemos la libertad de escoger ingredientes frescos, de temporada y en su mejor punto de maduración. Esto garantiza no solo un sabor óptimo, sino también una calidad nutricional insuperable.

▸ **Ventajas de los alimentos de temporada**: Consumir frutas y verduras de temporada es una decisión sostenible, saludable y económica. Estas opciones suelen tener más sabor y valor nutricional, además de ser más accesibles para el bolsillo.

▸ **Personalización total**: Dependiendo del método que usemos (licuadora o batidora), podemos elegir entre un zumo más claro y ligero, o uno más consistente con mayor contenido de fibra. Esto permite adaptarlos a nuestras necesidades.

▸ **Una opción saludable para los más pequeños**: Los zumos caseros son una excelente forma de incluir frutas y verduras en la dieta de los niños, especialmente si no les gustan. Con creatividad en sabores y presentaciones, se pueden hacer irresistibles para ellos.

## Posibles efectos adversos

Si padeces **gastritis, colitis, SIBO, colon irritable o estreñimiento**, es fundamental tomar ciertas precauciones al preparar tus licuados o batidos. Estas recomendaciones te permitirán disfrutar de sus beneficios sin agravar tus síntomas:

▸ **Utiliza una licuadora en lugar de una batidora**: En casos de patologías digestivas, es preferible optar por una licuadora para preparar tus zumos. Esto ayuda a eliminar gran parte de la fibra de los ingredientes, ofreciendo un líquido más suave para el sistema digestivo.

‣ **Modera la cantidad de fibra**: Aunque la fibra aporta múltiples beneficios, un consumo excesivo puede causar gases, hinchazón abdominal o estreñimiento, especialmente en personas con problemas digestivos. Por eso, es crucial controlar la cantidad de fibra en tus licuados, evitando ingredientes como pulpa de frutas, semillas y cereales integrales.

‣ **Introduce los zumos de forma gradual**: Si no estás seguro/a de cómo reaccionará tu cuerpo a los licuados y batidos, comienza con pequeñas cantidades. Esto te permitirá evaluar su impacto en tu digestión y ajustar las recetas según tu necesidad.

‣ **Consúmelos preferiblemente con el estómago vacío**: Para favorecer la asimilación de nutrientes y optimizar la digestión, lo ideal es tomar los zumos con el estómago vacío. Esto reduce el riesgo de molestias digestivas y te permite aprovechar mejor sus beneficios.

‣ **Adapta las recetas según tus necesidades**: Cada organismo es único, y la forma en que reaccionamos a los alimentos puede variar. Por eso, escucha a tu cuerpo, ajusta tus combinaciones de ingredientes y elige aquellos que te sienten mejor.

## Cuándo tomar los zumos, batidos y jugos

Existen varias formas de consumirlos, dependiendo de tus objetivos y rutina diaria. Aquí se presentan tres opciones recomendadas:

‣ **Por la mañana, en ayunas**: Comienza tu día seleccionando una receta de zumo o jugo y consúmelo antes de ingerir cualquier otro alimento. Tomarlo en ayunas favorece una mejor absorción de los nutrientes y contribuye a estimular el sistema digestivo, preparándolo para el resto del día.

‣ **Con el estómago vacío, antes de las comidas**: Tomar un zumo o jugo unos 30 minutos antes de las comidas principales es ideal para aprovechar al máximo sus beneficios. Consumirlo con el estómago vacío mejora la digestión y la absorción de los nutrientes, ayudando a optimizar tu bienestar.

‣ **Ayuno a base de zumos**: Realizar un ayuno de varios días exclusivamente con zumos y jugos puede ayudarte a alcanzar objetivos de salud específicos o depurar el organismo. Selecciona entre 2 y 3 recetas variadas para garantizar una alimentación equilibrada y nutritiva durante el proceso, cuidando siempre las necesidades de tu cuerpo.

## Consejos de preparación

Preparar zumos frescos es una manera sencilla y saludable de aprovechar al máximo los nutrientes presentes en frutas y verduras. Si deseas optimizar el proceso y garantizar seguridad, aquí tienes algunas recomendaciones:

▸ **Prioriza los ingredientes biocultivados**: Siempre que sea posible, selecciona frutas y verduras de origen biológico. Esto asegura un consumo libre de pesticidas y sustancias químicas dañinas, promoviendo una dieta más saludable.

▸ **Lava bien los ingredientes**: Lava cuidadosamente frutas y hortalizas para eliminar restos de tierra, microorganismos y pesticidas. Además, retira las zonas dañadas o con moho para evitar cualquier tipo de contaminación en el zumo.

▸ **Corta en trozos pequeños**: Facilita el trabajo de la licuadora cortando los ingredientes en piezas pequeñas. Esto garantiza una textura más homogénea y acelera el proceso de preparación.

▸ **Adapta ingredientes con bajo contenido de agua**: Frutas y verduras con poca agua, como plátanos y aguacates, suelen necesitar una mezcla previa. Prepara primero el líquido con ingredientes más jugosos y luego agrega las frutas más sólidas utilizando una batidora.

▸ **Pela ciertas frutas**: Es importante pelar frutas cítricas como naranjas y pomelos, ya que su piel contiene compuestos tóxicos. Sin embargo, deja la parte blanca (albedo), que es rica en nutrientes. También, frutas tropicales como papaya y kiwi deben pelarse al ser cultivadas en regiones con regulaciones menos estrictas sobre sustancias químicas.

▸ **Retira las pepitas**: Las pepitas de manzana contienen trazas de cianuro y deben eliminarse antes de preparar el zumo. Por el contrario, las semillas de uvas, melón, lima y limón no representan ningún riesgo y pueden incluirse para aprovechar sus propiedades.

‣ **Aprovecha los tallos y hojas**: En general, las hojas y tallos de los alimentos pueden ser incorporados al zumo, aportando nutrientes extras. Sin embargo, es esencial retirar las hojas de zanahoria y ruibarbo, ya que contienen compuestos tóxicos perjudiciales para la salud.

‣ **Consume el zumo recién preparado**: Para preservar al máximo los nutrientes y evitar la oxidación, el zumo debe consumirse justo después de prepararlo. Así disfrutarás de todas sus propiedades intactas.

‣ **Retira hojas amargas de apio**: Las hojas de apio, cuando tienen un sabor amargo, pueden alterar el resultado final. Retíralas antes de incluir el tallo en el zumo para obtener un sabor más equilibrado y agradable.

## Recomendaciones generales

Los licuados y batidos son una excelente alternativa saludable, pero para sacar el máximo provecho de ellos es fundamental tener en cuenta ciertos aspectos. A continuación, se comparten algunas recomendaciones clave:

‣ **Consumo moderado de frutas**: Las frutas son una fuente maravillosa de nutrientes, pero contienen fructosa, el azúcar natural presente en ellas. Consumirlas en exceso puede ser perjudicial para nuestra salud. Por eso, es importante mantener un equilibrio y moderar su consumo a lo largo del día. Además, se recomienda evitar su ingesta durante la noche, ya que el cuerpo podría metabolizarlas de manera menos eficiente.

‣ **Opta por frutas de temporada**: Las frutas de temporada suelen ser más nutritivas, tienen un sabor mucho más intenso y además son más económicas. Una opción perfecta para sacar el máximo beneficio.

‣ **Elige combinaciones adecuadas**: No todas las frutas se complementan bien entre sí. Antes de preparar tu licuado o batido, investiga cuáles son las combinaciones más compatibles para lograr un buen equilibrio de sabor y obtener los beneficios nutricionales deseados.

‣ **Cantidad moderada de ingredientes**: Los mejores licuados o batidos suelen ser los más simples. La sobrecarga de ingredientes o cantidades excesivas puede provocar gases o malestar digestivo. Sigue las recetas recomendadas y procura ser prudente con las cantidades.

▸ **Incluye hojas verdes o verduras**: Añadir hojas verdes como espinacas, col (kale) o incluso otras verduras como pepino es una excelente manera de reducir el índice glucémico de tu bebida y, al mismo tiempo, obtener un aporte extra de nutrientes esenciales para tu organismo.

▸ **Endulzantes naturales, pero con moderación**: Disfrutar el sabor natural de los ingredientes es ideal, pero si consideras necesario endulzar tu bebida, recurre a opciones naturales como la miel pura de abeja o la stevia 100% natural. Eso sí, emplea pequeñas cantidades para mantener los valores nutricionales en equilibrio.

▸ **Mastica incluso los líquidos**: Aunque los licuados son líquidos, tomarte un momento para "masticarlos" favorece la segregación de enzimas digestivas, ayudando a mejorar la absorción de nutrientes y evitando problemas como gases, inflamación o indigestión.

▸ **Conservación adecuada**: Los licuados y batidos son mejores recién preparados, pero si no puedes consumirlos de inmediato, guárdalos en un recipiente oscuro y hermético en el refrigerador. También puedes congelarlos en porciones individuales para consumirlos más adelante.

▸ **Hazlo divertido y personalizado**: Para hacer que los batidos sean más atractivos, especialmente para los niños, congélalos en moldes con formas divertidas. Así convertirás una bebida saludable en un momento entretenido y delicioso.

Al preparar y disfrutar de licuados o batidos, estas recomendaciones te ayudarán a sacarles el máximo provecho. Aunque las recetas incluidas en este libro han sido creadas para facilitar una correcta asimilación, no olvides que cada persona es única y algunas opciones podrían no ser ideales para todos. Experimenta con diferentes combinaciones y ajusta las recetas según tus necesidades, gustos y bienestar personal.

## Recetas sugeridas

A continuación se ofrecen una serie de recetas de zumos y jugos que, debido a sus nutrientes, te ayudarán a sentirte cada día mejor:

▸ **Zumo de manzana y apio:**

*Ingredientes*: 4 manzanas y 2 tallos de apio.
*Preparación*: Corta las manzanas en rodajas finas y el apio en trozos de 5 a 7 centímetros. Pásalos por la licuadora. Tómalo por la mañana en ayunas o 1 hora antes de acostarte.

› **Jugo de lechuga y apio:**
*Ingredientes*: 3 ó 4 hojas de lechuga y 1 tallo de apio.
*Preparación*: Comprime la lechuga y pásala por la licuadora junto con el apio. Tómalo por la mañana en ayunas o media hora antes de acostarte.

› **Zumo de uva y piña:**
*Ingredientes*: 15 a 20 uvas y 1/2 piña tropical.
*Preparación*: Lava bien las uvas sin quitarles la piel ni las semillas, y pela y trocea la piña. Pasa todo por la licuadora. Tómalo por la mañana en ayunas o 1 hora antes de acostarte.

› **Jugo de zanahoria, apio y perejil:**
*Ingredientes*: 4 ó 5 zanahorias, 2 ramas de apio y un puñado de perejil.
*Preparación*: Limpia bien las zanahorias y el apio, y córtalos en tiras de 5 a 7 centímetros de longitud. Pasa los ingredientes por la licuadora. Tómalo por la mañana en ayunas o de media a una hora antes de acostarte.

› **Zumo de piña tropical:**
*Ingredientes*: 1/4 de piña, incluyendo la corteza.
*Preparación*: Pasa la piña por la licuadora. Tómalo por la mañana en ayunas.

› **Zumo de melón cantalupo:**
*Ingredientes*: 350 gramos de melón cantalupo (aproximadamente 1/4 de melón).
*Preparación*: Lava bien el melón, córtalo en rodajas y pásalo por la licuadora, incluyendo la corteza. Tómalo por la mañana en ayunas o media hora antes de acostarte.

› **Jugo de espinaca, berza y espárrago:**
*Ingredientes*: 1 manojo de espinacas, 3 hojas de berza y 1 espárrago.
*Preparación*: Comprime las espinacas y la berza y pásalas junto con el espárrago por la licuadora. Tómalo por la mañana en ayunas o antes de acostarte.

› **Batido de moras, plátano, levadura de cerveza y tofu:**
*Ingredientes*: 1/2 kilogramo de moras, 1 plátano maduro, 1 cucharada de levadura de cerveza y 50 gramos de tofu.

*Preparación*: Licúa las moras y vierte el zumo junto con el plátano, la levadura y el tofu en una batidora. Mézclalo bien hasta obtener una pasta fina. Puedes adornarlo con moras. Tómalo por la mañana en ayunas o una hora antes de acostarte.

### ‣ Jugo de brócoli, berza y col rizada:

*Ingredientes*: 3 ramitos de brócoli, 2 ó 3 hojas de berza y col rizada.

*Preparación*: Comprime la berza y la col rizada y pásalas por la licuadora junto con el brócoli. Tómalo por la mañana en ayunas o 1 hora antes de acostarte.

### ‣ Jugo de berza, zanahorias, perejil y manzana:

*Ingredientes*: 3 hojas de berza, 4 ó 5 zanahorias, un puñado de perejil y media manzana sin pepitas.

*Preparación*: Comprime la berza y el perejil y pásalos por la licuadora junto con las zanahorias y la manzana. Tómalo por la mañana en ayunas o media hora antes de acostarte.

### ‣ Jugo de espinacas, apio, tomate y espárragos:

*Ingredientes*: Un manojo de espinacas, 3 tallos de apio, 1 tomate grande y 2 espárragos.

*Preparación*: Comprime las espinacas y pásalas por la licuadora junto con el apio. Mezcla este zumo con el de tomate y el de espárragos. Tómalo en ayunas.

### ‣ Zumo de brócoli, zanahoria y tomate:

*Ingredientes*: 3 ramitos de brócoli, 3 ó 4 zanahorias y 1 tomate grande.

*Preparación*: Corta las zanahorias en tiras de 5 a 7 centímetros de longitud. Pasa los ingredientes por una licuadora. Tómalo por la mañana en ayunas o 1 hora antes de acostarte.

### ‣ Jugo de apio y zanahorias:

*Ingredientes*: 1 tallo de apio y 3 ó 4 zanahorias.

*Preparación*: Pasa el apio y las zanahorias por la licuadora. Tómalo por la mañana en ayunas o una hora antes de acostarte.

### ‣ Zumo de manzana y pera:

*Ingredientes*: 2 ó 3 manzanas y 1 pera.

*Preparación*: Corta las manzanas y la pera en rodajas. Pásalas por la licuadora, comenzando y terminando con unas rodajas de manzana. Tómalo por la mañana en ayunas o una hora antes de dormir.

# OTRAS ALTERNATIVAS

La ansiedad puede ser abrumadora, pero existen múltiples caminos que ayudan a afrontarla de manera positiva y efectiva. Este capítulo explora un abanico de terapias y prácticas complementarias que, a lo largo del tiempo, han demostrado su valor en el manejo de esta condición. Entre las opciones que se desarrollarán se encuentran las técnicas de relajación, los ejercicios de respiración consciente, el yoga, la meditación y la actividad física, además de ciertos remedios tradicionales respaldados por la experiencia tanto de la naturopatía como de la psicología. Estas alternativas no solo buscan aliviar los síntomas de la ansiedad, sino que promueven un bienestar integral, ayudando a fortalecer la conexión entre cuerpo y mente.

Cada persona tiene su propio ritmo y circunstancias particulares, por lo que estos enfoques invitan a explorar con empatía y paciencia, reconociendo las necesidades únicas de cada individuo. Ninguna técnica es universal, y lo importante es probar, ajustar y descubrir qué funciona mejor para uno mismo. Este proceso personal puede ser también una oportunidad para reconectar con el cuerpo, encontrar momentos de calma y construir herramientas que se ajusten a la vida cotidiana. Con un enfoque cercano, pausado y sin presiones, estas prácticas pueden convertirse en aliados valiosos para recuperar el equilibrio emocional y, poco a poco, disfrutar de un estado de mayor paz interior.

## Remedios naturales de la MTC

La Medicina Tradicional China (MTC) ofrece soluciones efectivas y accesibles que pueden ser de gran ayuda en casos de ansiedad. Estas técnicas se fundamentan en el sistema de meridianos de acupuntura, utilizados tradicionalmente para equilibrar la energía del cuerpo. Aunque están inspiradas en prácticas como la acupuntura y la auriculopuntura, los métodos que aquí se presentan son mucho más simples y están diseñados para ser aplicados desde la comodidad del hogar.

A continuación, se describen varias estrategias basadas en este enfoque milenario, que permiten mejorar el bienestar general al restaurar la armonía entre el cuerpo y la mente.

‣ **Péinate suavemente la cabeza** con un peine de madera, cuyas puntas sean redondeadas para evitar hacerte daño. Realiza movimientos de adelante hacia atrás y desde el centro hacia los lados. Ejerce una fuerza adecuada y hazlo 1 ó 2 veces al día durante unos 3 minutos.

‣ **Masajea tus orejas**. Siéntate cómodamente y agarra tu oreja con el pulgar y el índice, estirándola en todas las direcciones durante unos 30 segundos. Luego, agarra otra parte de la oreja y repite el proceso. Mientras tanto, inhala y exhala lenta y profundamente para relajar tu sistema nervioso. Puedes hacerlo en una sola oreja o en ambas.

‣ **Trata tus pies para relajar tu sistema nervioso**. Sumerge tus pies en agua caliente durante unos 20 minutos al día, preferiblemente hasta las pantorrillas. Además, puedes golpear tus pies descalzos con una botella de plástico vacía, golpeando las plantas, los laterales y los empeines durante 3 minutos. Golpea cada zona al menos 30 veces a un ritmo aproximado de 3 golpes por segundo. Por último, aplica crema en tus pies y cepilla las plantas durante 5 minutos con un cepillo suave, prestando especial atención a la zona situada a un tercio de distancia entre los dedos y el talón.

‣ **Digitopuntura**. A continuación, se destacan algunos puntos clave de los meridianos de la Medicina Tradicional China (MTC), que pueden presionarse o masajearse durante aproximadamente un minuto cada uno para favorecer el alivio de la ansiedad y el bienestar general:

‣ **Punto He Gu (IG4)**: Se encuentra entre el dedo pulgar y el índice, en la parte alta de la mano. Este punto es eficaz para aliviar la tensión general y ayudar a combatir el estrés acumulado.

‣ **Punto Nei Guan (PC6)**: Localizado en el antebrazo, unos tres dedos por encima del pliegue de la muñeca, entre los dos tendones centrales. Se asocia con la calma emocional, la reducción del estrés y la mejora de la ansiedad.

‣ **Punto C7 (Shen Men del meridiano corazón)**: Ubicado en la muñeca interna, sobre el lado del meñique, este punto es ideal para liberar tensiones emocionales profundas, reducir la inquietud y fomentar la relajación.

‣ **Punto Shen Men (Puerta del Espíritu)**: Este punto, situado en la parte superior de la oreja, es especialmente

reconocido en la auriculoterapia por su capacidad para
calmar la mente, aliviar la ansiedad y combatir el insomnio.

Aplicar una ligera presión o masaje sobre estos puntos,
respirando profundamente durante el proceso, puede marcar
una gran diferencia. Estas técnicas, fundamentadas en los
principios de la MTC, son útiles para devolver el equilibrio
energético al cuerpo, brindando alivio de forma natural y
efectiva. ¡Anímate a probarlas!

### ▸ "Río de la Armonía: Ejercicio de Chi Kung"

Además, puedes practicar un poderoso ejercicio de visualización, común en "Qi Gong" o "Chi Kung", conocido como "Río de la
Armonía del Espíritu". Este ejercicio está diseñado para inducir
un profundo estado de relajación, liberar tensiones acumuladas y
ayudar a disipar las preocupaciones, favoreciendo una mente
más tranquila y clara.

Para comenzar, túmbate en una habitación tranquila, donde
puedas estar cómodo y sin interrupciones. Realiza varias
respiraciones lentas, profundas y conscientes, dejando que cada
exhalación libere tensión. Cierra los ojos y permite que tu
respiración vuelva a un ritmo natural. Con cada inhalación,
siente cómo tu cuerpo se llena de calma, y con cada exhalación,
liberas cualquier inquietud. A continuación, repite mentalmente:
"Mi cabeza se relaja, mi cara se relaja, mi cuello se relaja, mis
hombros se relajan, mis brazos se relajan, mi pecho se relaja, mi
abdomen se relaja, mis piernas se relajan, mis pies se relajan,
todo mi cuerpo está totalmente relajado."

Una vez alcanzado este estado de calma, empieza a imaginar
un río cristalino y puro que fluye suavemente. Visualiza cómo
este río entra por la parte alta de tu cabeza, descendiendo con
tranquilidad y suavidad a través de tu pecho, estómago y
abdomen, limpiando todo a su paso. Imagina que al llegar al
abdomen, el río se divide en dos corrientes que fluyen hacia cada
pierna, descendiendo lentamente hasta llegar a las plantas de tus
pies. Por ahí, el río sale completamente, arrastrando consigo
cualquier tensión, miedo o preocupación que hayas acumulado.

Sigue visualizando este río fluir a través de ti, observando cómo
cada corriente se hace cada vez más pequeña hasta que
desaparece por completo. Con cada paso, siente cómo te liberas
de todo lo que pesa en tu interior. Mientras realizas este ejercicio,
piensa repetidamente que tus miedos, problemas y preocupaciones se disuelven en el río, dejándote para siempre.

Dedica unos minutos cada día a esta visualización para fortalecer tu conexión con la calma y la armonía. La práctica constante ayudará a crear un espacio de paz en tu interior, transformando no solo tu estado emocional, sino también tu bienestar físico y mental.Además, se puede utilizar el siguiente ejercicio de visualización que se suele practicar en "Qi gong" o "Chi Kung" llamado "Río de la armonía del espíritu". Para realizar este ejercicio, túmbate en una habitación tranquila y realiza varias respiraciones lentas y profundas. Cierra los ojos y respira de forma natural. Repite mentalmente: *"mi cabeza se relaja, mi cara se relaja, mi cuello se relaja, mis hombros se relajan, mis brazos se relajan, mi pecho se relaja, mi abdomen se relaja, mis piernas se relajan, mis pies se relajan, todo mi cuerpo está totalmente relajado"*.

A continuación, imagina un río que entra por la parte alta de tu cabeza y desciende por tu pecho, estómago y abdomen. Luego, el río se divide en dos corrientes, una que va a cada pierna, descendiendo hasta los pies y saliendo por las plantas. Sigue visualizando cómo el río fluye a través de ti, haciéndose cada vez más pequeño hasta desaparecer. Mientras realizas este ejercicio, piensa que todos tus miedos y preocupaciones se van con este río y te dejan para siempre. Repite esta visualización una vez al día.

## Técnicas de relajación

Las técnicas de relajación son herramientas efectivas que contribuyen significativamente a abordar diversos problemas de índole psicológica, como la ansiedad y el insomnio. Existe una amplia variedad de métodos disponibles, y su uso es cada vez más frecuente en entornos terapéuticos y cotidianos.

Sin embargo, es importante tener en cuenta que la relajación no es adecuada para todas las personas o situaciones, y no todas las técnicas funcionan de la misma manera para cada individuo. Entre las más utilizadas para el manejo de la ansiedad y el insomnio destacan la relajación progresiva, la relajación autógena, la relajación completa y las prácticas de relajación basadas en la imaginación, cada una adaptándose a diferentes necesidades y objetivos.

▸ **La relajación progresiva** consiste en tensar y destensar los diferentes grupos musculares de todo el cuerpo. En el siguiente subcapítulo, "Relajación progresiva", se explica cómo realizar una técnica muy sencilla.

▸ **La relajación autógena** es una técnica de autosugestión por medio de instrucciones. En el primer ciclo se trabajan, en orden, sensaciones de peso, calor, regulación cardíaca, regulación respiratoria, etc., para luego avanzar hacia otros niveles.

‣ **La relajación completa** combina aspectos somáticos y cognitivos. Se comienza entrenando la respiración y después se trabaja en la relajación muscular. Por último, se trabaja el nivel cognitivo a través de la meditación, utilizando una imagen visual como punto de concentración una vez que se haya alcanzado la relajación física.

‣ **La relajación en imaginación** se basa en visualizaciones e instrucciones para generar sensaciones agradables. Para utilizar esta técnica, es necesario construir protocolos verbales que induzcan imágenes y sensaciones, y también se requiere de buenas habilidades de visualización.

Saber qué técnica de relajación elegir puede parecer complicado, pero no te preocupes. La clave está en identificar cuál es el síntoma que más te cuesta manejar. Si sientes mucha tensión física o inquietud en tu cuerpo, puede ayudarte comenzar con técnicas que reduzcan esa tensión muscular, como la relajación progresiva o la relajación completa. Por otro lado, si lo que más te afecta son las preocupaciones o los pensamientos que no se detienen, las técnicas de relajación en imaginación podrían ser más adecuadas para ti.

En el siguiente apartado, te guiaré paso a paso para que puedas aplicar fácilmente estas técnicas en tu día a día. Si prefieres acompañamiento personalizado, considera asistir a clases de relajación guiada, donde recibirás apoyo directo y detallado. Pero si te sientes más cómodo desde casa, plataformas como YouTube ofrecen una gran variedad de opciones accesibles y efectivas.

Recuerda que este es un viaje personal, y está bien tomarte el tiempo necesario para probar, explorar y descubrir qué funciona mejor para ti. Lo más importante es que cada pequeño avance que logres, por pequeño que parezca, suma y cuenta.

## Relajación progresiva

La relajación progresiva es una técnica sencilla y efectiva que te ayuda a conectar con tu cuerpo, reduciendo de manera gradual la tensión acumulada. Consiste en tensar cada músculo para luego relajarla conscientemente, notando la diferencia entre ambas sensaciones. Puedes practicarlo tumbado, sentado o incluso de pie.

▸ **Pasos para Realizar la Relajación Progresiva:**

▸ **Busca un espacio cómodo**: Encuentra un lugar tranquilo. Cierra los ojos y respira lentamente por la nariz varias veces. Permite que tu atención se enfoque únicamente en el ritmo de tu respiración.

▸ **Comienza con los pies**: Dirige tu concentración a los dedos de tus pies. Mientras inhalas profundamente, ténsalo lo más fuerte que puedas. Mantén la tensión unos segundos, pero sin forzar demasiado.

▸ **Libera la tensión**: Exhala larga y pausadamente mientras relajas los dedos por completo. Observa cómo esa área se siente más liviana y relajada.

▸ **Sigue el trayecto por tu cuerpo**: Avanza por el resto del cuerpo, tensando y relajando cada zona de forma secuencial: pies, piernas, nalgas, abdomen, espalda baja, espalda media, espalda alta, hombros, brazos, manos, cuello y cara. Nota cómo cada músculo se libera y observa los cambios que se producen en las sensaciones de relajación conforme avances.

▸ **Adapta la técnica a tu nivel**: Con la práctica, ya no necesitarás tensar los músculos físicamente. Simplemente pensar en cada parte de tu cuerpo relajada será suficiente para conseguir un estado igual de relajado y tranquilo.

**Consejo Adicional**:
Si durante el ejercicio notas calambres en los pies, podría ser debido a una deficiencia de magnesio. En ese caso, valdría la pena considerar un suplemento de magnesio por uno o dos meses. Suelen estar disponibles en farmacias y herbolarios.

Dedica tiempo y constancia a esta autopráctica; con cada sesión, notarás un mayor control sobre tu ansiedad y una sensación creciente de bienestar.

## Contraindicaciones en el uso de técnicas de relajación

Aunque las técnicas de relajación suelen ser altamente beneficiosas para la mayoría de las personas, no están exentas de ciertas limitaciones o precauciones. Es fundamental tener en cuenta que, en algunos casos específicos, estas prácticas pueden no ser adecuadas o requerir orientación profesional. A continuación, se explican las principales contraindicaciones y precauciones a considerar antes de implementar estas técnicas.

- ‣ **Enfermedades cardíacas graves**: En casos de enfermedades cardíacas graves, es necesario consultar con un médico antes de practicar técnicas de relajación. Algunas técnicas, como la relajación progresiva que implica cambios en la frecuencia cardíaca, podrían no ser adecuadas en estos casos.

- ‣ **Hipotensión arterial**: Si se padece de presión arterial baja, se debe tener precaución al realizar técnicas de relajación que impliquen cambios en la tensión arterial. Estas técnicas podrían agravar la hipotensión y causar mareos o desmayos.

- ‣ **Epilepsia**: En casos de epilepsia, se debe tener precaución al practicar técnicas de relajación que impliquen la inducción de imágenes o cambios en la percepción sensorial. Estas técnicas podrían desencadenar una crisis epiléptica en algunas personas.

- ‣ **Trastornos mentales graves**: Las técnicas de relajación pueden ser contraindicadas en personas con trastornos mentales graves, como esquizofrenia o trastorno bipolar. En estos casos, es necesario consultar a un profesional de la salud mental antes de practicar estas técnicas, ya que pueden interactuar con el estado mental y emocional del individuo.

- ‣ **Lesiones o problemas musculares**: Si se tienen lesiones musculares, problemas de articulaciones o cualquier otra condición física que pueda verse agravada por la tensión o relajación de los músculos, se debe tener precaución al realizar técnicas de relajación que involucren movimientos o tensiones musculares.

- ‣ **Dificultades respiratorias**: Si se padece de enfermedades respiratorias crónicas, como el asma, es importante adaptar las técnicas de relajación para evitar desencadenar dificultades respiratorias. Se recomienda consultar con un médico para recibir instrucciones específicas sobre cómo realizar las técnicas de manera segura.

Es fundamental recordar que cada persona es única y puede tener condiciones o circunstancias individuales que requieran una evaluación y orientación personalizada antes de iniciar cualquier técnica de relajación.

Además de las contraindicaciones mencionadas anteriormente,

existen otras situaciones en las que se debe tener precaución o evitar el uso de técnicas de relajación, como las siguientes:

‣ **Trastornos de la personalidad**: En personas con trastornos de la personalidad, especialmente aquellos que implican una desconexión de la realidad, como el trastorno límite de la personalidad, es importante tener cuidado al practicar técnicas de relajación que involucren la imaginación o la visualización. Estas técnicas podrían intensificar los síntomas o desencadenar respuestas emocionales negativas.

‣ **Traumas no resueltos**: Si se ha experimentado un trauma reciente o si existen traumas no resueltos en el pasado, las técnicas de relajación que involucran la visualización o la conexión con las emociones pueden desencadenar respuestas emocionales intensas. En estos casos, es recomendable trabajar con un terapeuta especializado antes de utilizar estas técnicas.

‣ **Dependencia de sustancias**: Las técnicas de relajación pueden ser contraproducentes para personas que tienen una dependencia de sustancias, como el alcohol o las drogas. En estos casos, es importante tratar la dependencia primero y luego considerar el uso de técnicas de relajación como una herramienta complementaria en la recuperación.

‣ **Problemas respiratorios graves**: En personas con enfermedades respiratorias graves, como la enfermedad pulmonar obstructiva crónica (EPOC) o el enfisema, algunas técnicas de relajación que implican cambios en la respiración pueden no ser recomendables. Se debe consultar a un médico para obtener orientación sobre las técnicas más adecuadas.

‣ **Fatiga extrema**: Si se padece de fatiga crónica o se está experimentando una extrema falta de energía, puede ser contraproducente utilizar técnicas de relajación que promuevan la relajación profunda. En estos casos, es recomendable trabajar primero en el manejo de la fatiga y luego considerar el uso de técnicas de relajación de manera gradual.

Si tienes dudas, puedes buscar ayuda y consejo en un profesional de salud especializado que pueda ayudarte y guiarte.

## Técnicas de respiración

La respiración es una herramienta poderosa para calmar la mente y el cuerpo. A continuación, te presentamos algunas técnicas sencillas pero altamente efectivas que puedes incorporar en tu rutina diaria:

‣ **Respiración profunda abdominal**: La respiración profunda abdominal es una técnica fácil y efectiva para relajarte y controlar la ansiedad y el estrés. Para practicarla, acuéstate boca arriba, dobla las rodillas y separa los pies aproximadamente 20-30 centímetros. Inspira lentamente por la nariz, llevando el aire imaginariamente hacia tu ombligo y permitiendo que tu tórax se expanda. Luego, exhala el aire lentamente por los labios ligeramente separados, emitiendo un suave sonido. Continúa respirando de esta manera durante al menos 5 minutos, enfocándote en tu respiración. Si tienes miedo de quedarte dormido o tienes poco tiempo, puedes configurar una alarma.

‣ **Respiración diafragmática**: Es otra técnica útil. Siéntate o acuéstate cómodamente y coloca una mano sobre tu pecho y otra sobre tu ombligo. Inhala lentamente por la nariz y siente cómo se eleva la mano que tienes sobre tu ombligo, mientras que la del pecho apenas se mueve. Luego, exhala lentamente por la boca, como si estuvieras soplando una vela, mientras cuentas mentalmente hasta 8. Haz una pausa de 4 segundos y repite este ejercicio durante unos 5 minutos, 2 veces al día, durante unas 2 semanas para entrenar adecuadamente esta técnica de respiración y relajación.

Una vez que te sientas cómodo con estas técnicas, podrás utilizarlas para reducir o eliminar la ansiedad en situaciones estresantes. La clave está en respirar lentamente y contar mentalmente, ya que la respiración lenta te calmará y, al contar mentalmente, evitarás pensar en ideas negativas o agobiantes que suelen surgir cuando estamos ansiosos o estresados.

## Otras técnicas para reducir la ansiedad

Se ha comprobado científicamente que caminar al aire libre, ya sea por la playa, el campo, un parque o el bosque, es una forma efectiva de aliviar el estrés y reducir la ansiedad. Incluso un paseo de apenas 20 minutos puede generar beneficios significativos para tu bienestar. Intenta dedicar entre 2 y 4 días a la semana a esta sencilla pero poderosa actividad, y descubre por ti mismo el impacto positivo que puede tener en tu vida.

El ejercicio físico en general es un aliado clave para combatir la ansiedad y el estrés. Actividades como correr, nadar o practicar deportes reducen los niveles de cortisol, mejoran la calidad del sueño y estimulan la liberación de endorfinas, compuestos químicos que te hacen sentir más relajado y feliz. Busca una actividad que te guste y disfrutes, desde deportes hasta una clase de baile, la cual no solo te ayudará a manejar la ansiedad, sino que también te permitirá divertirte y conectar con otras personas de manera positiva.

El yoga es otra práctica profundamente beneficiosa para tu bienestar físico y emocional. Mezclando ejercicios de respiración, movimiento y concentración en el momento presente, el yoga ayuda a aliviar tensiones emocionales y reducir los niveles de estrés y ansiedad. Además de mejorar tu flexibilidad y fuerza, esta práctica te conecta contigo mismo, enseñándote a liberar las tensiones tanto físicas como mentales.

Reserva tiempo para ti mismo, ya que en ocasiones nuestro estilo de vida ocupado nos aleja de esos pequeños momentos de cuidado personal que son esenciales para nuestro bienestar. Organiza tu semana para incluir actividades que te ayuden a desconectar, relajarte y recargar energías. Pueden ser cosas sencillas, pero significativas: leer un buen libro, escuchar tu música favorita, bailar en casa, explorar nuevos hobbies o incluso disfrutar de una buena risa con una serie divertida. No subestimes el poder de hacer algo que realmente te guste y te haga feliz.

Finalmente, la meditación puede ser tu gran aliada. Numerosos estudios han demostrado que practicarla de forma regular puede disminuir la ansiedad hasta en un 43% e incluso reducir los síntomas de la depresión en un 32%. Si eres nuevo en esta práctica, no te preocupes; puedes buscar un profesor o un centro especializado en meditación o mindfulness. Es posible que comenzar sea un desafío al principio, pero con paciencia y compromiso, notarás los resultados y disfrutarás de sus beneficios con el tiempo.

# PLANTAS MEDICINALES

Desde tiempos inmemoriales, la humanidad ha recurrido a la naturaleza para encontrar respuestas a sus necesidades. Las plantas medicinales, fieles aliadas en este viaje, han transmitido generosamente su sabiduría para aliviar dolencias y fortalecer nuestra salud. Este conocimiento milenario, cuidadosamente preservado a lo largo del tiempo, encuentra hoy un lugar renovado en el mundo moderno como una opción sana y sostenible frente a los desafíos actuales.

En una sociedad cada vez más consciente de los efectos adversos de algunos tratamientos farmacológicos y del impacto ambiental de diversas prácticas, las plantas medicinales resurgen con renovado protagonismo. Para quienes buscan un estilo de vida equilibrado, respetuoso y alineado con la naturaleza, estos tesoros verdes ofrecen herramientas valiosas. Este renacimiento refleja no solo una expansión del interés por lo ecológico, sino también una evolución hacia el cuidado integral del cuerpo y del planeta.

Lo que hace extraordinarias a estas maravillas naturales es la complejidad de sus compuestos, capaces de brindar propiedades antioxidantes, antiinflamatorias, antibacterianas y antivirales, entre otras. Su potencial abarca desde el alivio de problemas cotidianos, como el insomnio o la digestión lenta, hasta el apoyo en condiciones como el estrés crónico o las afecciones vinculadas al envejecimiento, entre otras muchas.

Más allá de tratar dolencias puntuales, estas especies son también una fuente muy valiosa de micronutrientes esenciales: vitaminas, minerales, fibra y antioxidantes que fortalecen el sistema inmunológico y promueven la salud a largo plazo. Incorporarlas en la dieta o en rituales de cuidado personal es una solución sencilla, sostenible y eficaz tanto para la prevención como para el fortalecimiento del bienestar integral.

El reino vegetal nos regala una sorprendente diversidad: innumerables especies adaptadas a necesidades específicas. Desde una taza de infusión hasta bálsamos, tinturas o aceites esenciales, sus usos son tan amplios como su versatilidad, integrándose fácilmente en cualquier estilo de vida.

Más que remedios, las plantas medicinales nos invitan a reconectar con la naturaleza. Utilizar sus bondades implica respetar los ritmos naturales del entorno y valorar nuestra relación con los recursos que nos ofrece la tierra. Cada hierba o extracto parece un recordatorio palpable de nuestra conexión con el mundo vivo, ayudándonos a retomar ese equilibrio que va más allá de lo físico, alcanzando incluso lo espiritual.

Además de sus múltiples beneficios para la salud, las plantas medicinales destacan por su fácil acceso y su versatilidad. Muchas de ellas crecen de forma abundante en entornos naturales o pueden cultivarse en jardines y huertos domésticos, lo que las convierte en una alternativa asequible y sostenible. En un contexto global marcado por desigualdades económicas, estas aliadas del bienestar representan una opción inclusiva para complementar o, en algunos casos, reemplazar tratamientos costosos.

A lo largo de los siglos, el conocimiento sobre estas plantas ha sido preservado con esmero, transmitido oralmente y a través de escritos. Esta herencia, nacida del respeto por la naturaleza, encuentra hoy respaldo en la ciencia moderna, cuyos estudios avalan los efectos de los compuestos herbales sobre el organismo y arrojan luz sobre su mecanismo de acción. Es una unión potente entre tradición y tecnología, que amplía las posibilidades terapéuticas de estas maravillas.

No obstante, este vasto potencial exige un enfoque responsable. Cada organismo humano es único y, aunque las plantas poseen propiedades terapéuticas probadas, no están exentas de riesgos. Su interacción con medicamentos convencionales o su uso incorrecto podría generar efectos adversos. Por ello, resulta fundamental apoyarse en información clara y confiable para garantizar un empleo seguro y efectivo.

Un aspecto especialmente intrigante es la forma en que los componentes dentro de una planta trabajan en conjunto. Los extractos integrales, gracias a esta interacción compleja, suelen generar efectos más equilibrados y completos que los compuestos aislados. Las moléculas presentes interactúan de manera complementaria, maximizando sus beneficios mientras mitigan posibles efectos secundarios. Por otro lado, aislar los principios activos puede proporcionar soluciones más concentradas, pero también podría aumentar el riesgo de efectos adversos.

El equilibrio natural de las plantas representa uno de los más grandes tesoros que nos ofrece la biodiversidad. Mientras los extractos integrales destacan por su suavidad y armonía al trabajar en conjunto con los procesos naturales del cuerpo, los compuestos aislados y sintetizados buscan mayor potencia, a menudo a costa de su estabilidad. Las moléculas presentes en las plantas colaboran de forma complementaria, maximizando beneficios y reduciendo posibles efectos secundarios, lo que hace de los remedios naturales una opción íntimamente alineada con nuestras necesidades.

En definitiva, las plantas medicinales son mucho más que herramientas terapéuticas: son un puente entre la sabiduría ancestral y la innovación científica. Nos recuerdan que la salud del cuerpo y del planeta están profundamente conectadas. Al proteger esta herencia, promovemos no solo nuestro bienestar, sino también el de generaciones futuras, renovando el equilibrio entre ser humano y naturaleza.

## Información importante

Aunque las plantas tienen un origen natural, no deben considerarse completamente inofensivas. Sus principios activos pueden ocasionar efectos adversos o provocar alergias en ciertas personas.

Consumir una infusión ocasional rara vez genera problemas. No obstante, el uso excesivo, prolongado o en grandes cantidades puede derivar en molestias, reacciones alérgicas o incluso intoxicaciones.

La tolerancia a los remedios naturales varía según cada persona. Si estás embarazada, en período de lactancia o padeces alguna condición como enfermedades crónicas, alergias, insuficiencia renal o hepática, cáncer, o sigues un tratamiento médico, es fundamental que consultes la sección "**Conoce todo lo necesario sobre las plantas**" antes de utilizarlas. Allí encontrarás información clave sobre riesgos, contraindicaciones e interacciones para decidir de forma responsable.

## Pautas para el uso de los remedios herbales

Para obtener resultados óptimos, es recomendable continuar con los remedios hasta la total desaparición de los síntomas. La duración del tratamiento dependerá de factores como la gravedad de la afección, su evolución, tu motivación y otros elementos importantes.

Es crucial tener presente que algunas plantas o remedios de fitoterapia no están diseñados para un uso continuo o prolongado. En estos casos, siempre encontrarás instrucciones claras al respecto.

Además de seguir las pautas de los remedios que verás a continuación, es igualmente importante abordar las causas subyacentes de tus síntomas. Para entender mejor el origen de tu problema de salud, te invito a consultar el capítulo inicial de este libro, en la sección "Causas", donde encontrarás información clave para tratar la raíz de la patología.

Por último, recuerda que la paciencia es esencial. Una dolencia que ha estado presente durante meses o años no puede resolverse en cuestión de días. Persevera y cuida tu bienestar de manera constante.

## Medidas

Para garantizar resultados efectivos al preparar infusiones, decocciones y otras recetas a base de plantas, es fundamental respetar las siguientes medidas de dosificación:

- Una cucharada corresponde a una cucharada sopera rasa.
- Una cucharadita equivale a una cucharadita de postre rasa.

## Planta eficaz para uso externo

Si estás lidiando con los síntomas de la ansiedad, la lavanda (Lavandula angustifolia) es una opción natural que puede ayudarte a sentirte mejor. Esta planta, reconocida por sus propiedades relajantes, es especialmente eficaz para aliviar tensiones, equilibrar las emociones y promover un descanso reparador a través de su uso externo. Su delicado aroma actúa como un bálsamo para la mente, calmando el sistema nervioso de manera suave y agradable.

A continuación, se presentan sencillas formas de incorporar el aceite esencial de lavanda en tu rutina diaria para sobrellevar los momentos de ansiedad:

- **Relajación al instante**: Cuando sientas ansiedad o estrés acumulado, aplica 2 gotas de aceite esencial de lavanda en tus dedos y masajea suavemente tu frente o el cuero cabelludo, sobre todo en la zona superior. Disfruta cómo su fragancia calma tu sistema nervioso, ayudándote a respirar mejor y encontrar un instante de paz.

‣ **Inhalación para calmar la mente**: Hierve agua con unas hojas de lavanda fresca y, al retirar la infusión del fuego, colócate cerca para inhalar lenta y profundamente su vapor durante unos minutos. Este ritual no solo relajará tu cuerpo, sino que también te ayudará a despejar la mente. Es una pausa perfecta en días pesados.

‣ **Masaje reconfortante en los pies**: Después de un día largo, vierte un par de gotas de aceite en la palma de tus manos y masajea suavemente la planta de tus pies. Este pequeño gesto estimula puntos clave de relajación del cuerpo, creando una sensación de descanso total.

‣ **Aroma relajante para una mejor noche**: Antes de dormir, coloca 3 o 4 gotas de aceite esencial sobre un pañuelo o trozo de gasa. Si lo sitúas cerca de tu almohada, su aroma envolvente te acompañará durante la noche, ayudándote a conciliar el sueño y despertarte con más energía.

‣ **Refresca tu refugio de descanso**: Convierte tu cama en un oasis de paz. Vierte unas gotas en tus manos y frota suave y uniformemente la superficie de la funda de tu almohada. Este sencillo paso contribuye a crear un ambiente cálido, relajante y acogedor que te invitará a desconectar y descansar profundamente.

La lavanda no solo es un regalo de la naturaleza, sino un pequeño recordatorio de que siempre puedes cuidarte con amor y atención. No dudes en utilizar estos sencillos y naturales remedios en tu día a día; un detalle tan simple puede marcar una gran diferencia en cómo te sientes.

## Plantas eficaces para uso interno

Cuando buscamos alternativas naturales para aliviar los síntomas de la ansiedad, la fitoterapia se presenta como una gran aliada. La naturaleza nos brinda un amplio abanico de plantas con propiedades calmantes y equilibrantes. Entre las opciones más eficaces se encuentran: **Amapola de California, hipérico o Hierba de San Juan, lavanda, manzanilla, melisa, pasiflora, tila y valeriana**, todas seleccionadas por su capacidad para ayudar a restaurar el bienestar emocional de manera natural.

Lo más recomendable es consumir estas plantas en forma de infusión o decocción, siempre al natural y sin añadir ningún tipo de edulcorante. Si sientes la necesidad de endulzar, opta exclusivamente por stevia 100% natural, respetando así el equilibrio y los beneficios medicinales de estas hierbas.

Aunque todas las plantas mencionadas pueden ser de gran ayuda, lo ideal es no tomarlas todas al mismo tiempo. En su lugar, selecciona una o dos plantas que más te convengan según tus necesidades y consúmelas durante un periodo de tres semanas. Una vez pasado este tiempo, puedes cambiar a otras dos plantas, alternando su uso de esta forma hasta que logres estabilizar los síntomas y te sientas mejor.

Por último, si prefieres utilizar tinturas, debes saber que este formato es altamente efectivo para tratar la ansiedad. En general, la dosis recomendada varía según la planta, pero suele ser de unas pocas gotas diluidas en agua varias veces al día. Consulta siempre a un profesional antes de introducir cualquier planta nueva en tu rutina.

## Amapola de California (Eschscholzia californica)

*En infusión**. Ingredientes: de 3 a 10 gramos de la raíz o de las hojas y flores secas de la amapola de California, 1 taza de agua. Preparación: pon el agua al fuego y, cuando alcance el punto de ebullición, añade la planta. Déjala hervir durante 5 minutos. Retírala del fuego y deja que se vaya enfriando. Tómala cuando ya esté tibia, sola o con miel de abejas o stevia. Por la mañana, a mediodía y por la noche. Por la noche, entre media y una hora antes de irte a la cama.

**Pregunta: ¿Cómo es mejor tomarla?*
Respuesta: en general las cápsulas de amapola de California tienen dosis mayores, así que los efectos también son más potentes. En extracto líquido, puede variar sus efectos según la marca. En cambio, la infusión es más suave. Al introducir sus partes vegetales en agua al punto de ebullición, desprenden parte de los principios activos sedantes, tanto si utilizas las flores como las semillas.
La variación en los gramos o centilitros depende de si quieres que sus efectos sean suaves o más fuertes. Si notas que por la mañana te cuesta despertar, debes bajar la dosis, sobre todo los primeros días.
Es frecuente que después de unos días de uso continuado notes menos sus efectos, así que puedes subir la cantidad siempre sin sobrepasar la dosis máxima indicada.
No la tomes más de 3 meses seguidos sin realizar una "ventana terapéutica" de 1 mes de descanso por cada 3 de toma.

### Hipérico (Hypericum perforatum)

*En infusión*. Ingredientes: 1 cucharadita de hojas y flores secas de hipérico por taza de agua. Preparación: pon el agua al fuego. Cuando esté hirviendo, añade el hipérico y déjalo hervir unos 3 minutos. Retira del fuego, tapa y déjalo reposar otros 3 minutos más. Cuela y tómala sola o endulzada con stevia. 2 ó 3 tazas al día.

### Lavanda o espliego (Lavandula angustifolia)

*En decocción*. Ingredientes: 1 a 2 cucharaditas de hierba seca de lavanda por taza de agua. Preparación: pon el agua a calentar. Cuando comience a hervir, añade la lavanda, dejándola en el fuego durante 5 minutos. Apaga y deja en reposo otros 3 minutos. Cuela. Toma 2 ó 3 tazas al día. Si la tomas por la noche, además, te ayudará a dormir.

### Manzanilla o camomila (Chamaemelum nobile)

*En infusión*. Para prepararla, necesitarás 1 cucharadita de flores secas de manzanilla por taza de agua. También puedes añadir miel o limón opcionalmente. Hierve el agua en un cazo y luego reduce el fuego. Agrega la manzanilla y deja que hierva a fuego lento durante 1 minuto. Retira del fuego y deja reposar durante 2 minutos. Vierte la infusión en una taza y añade un poco de miel o limón si deseas. Se recomienda tomar esta infusión después del desayuno, almuerzo y cena, aproximadamente 1/2 a 1 hora antes de acostarte.

### Melisa o toronjil (Melissa officinalis)

*En infusión*. Para prepararla, necesitarás 1 cucharadita de hojas y flores de melisa por taza de agua. Pon el agua al fuego y cuando hierva, viértela sobre la melisa en una taza. Tapa la taza y deja que repose durante 10 minutos. Cuela la infusión y tómala tibia, endulzada con miel o stevia. No es necesario añadir azúcar u otros edulcorantes.

### Pasiflora (Passiflora incarnata)

*En infusión*. Para prepararla, necesitarás 1 cucharada de hojas y flores de pasiflora y 1 taza de agua. Calienta el agua, retírala antes de que comience a hervir y añade la cucharada de pasiflora. Deja que repose durante 5 minutos. Cuela la infusión, viértela en una taza y tómala sola o con miel de abejas o stevia. Se recomienda tomarla de 2 a 3 veces al día.

Es importante tener en cuenta que se debe tomar pasiflora un máximo de 2 meses seguidos y luego realizar un descanso de 1 mes.

### Tila (Tilia platyphyllos o T. cordata)

*En infusión*. Para prepararla, necesitarás 1 cucharadita de flores secas de tilo y 150 ml de agua. Hierve el agua y viértela sobre las flores de tilo. Tapa el recipiente y deja que repose de 5 a 10 minutos. Cuela la infusión y tómala tibia, endulzada con miel de abejas o stevia. Se recomienda tomarla 3 veces al día. Por la noche, tómala una hora antes de acostarte, ya que te ayudará a dormir bien.

### Valeriana (Valeriana officinalis)

*En infusión*. Para prepararla, necesitarás 1 cucharada de valeriana en polvo o machacada y 250 ml de agua. Hierve el agua y retírala del fuego. Añade la valeriana y tapa el recipiente, dejando que repose de 5 a 8 minutos. Endulza la infusión con miel de abeja para suavizar su sabor. Se recomienda tomarla 2 ó 3 veces al día, por la mañana, a mediodía y por la noche, una hora antes de acostarte.

*En decocción*. Para prepararla, necesitarás 1 cucharada de raíz triturada y 250 ml de agua. Agrega la valeriana al agua y ponla al fuego. Deja que hierva durante unos 5 minutos. Retira del fuego, deja que se enfríe un poco y endulza con miel. Se recomienda tomarla 2 ó 3 veces al día. Si la tomas por la noche, es mejor hacerlo una hora antes de irte a dormir, ya que te ayudará a conciliar el sueño.

Si no toleras el sabor fuerte y desagradable de la valeriana en infusión, puedes consumirla en cápsulas.

Es importante tener en cuenta que no debes tomar valeriana durante más de 15 días seguidos para evitar que tu organismo se habitúe o experimentes un "efecto rebote". Descansa al menos 1 mes antes de retomar su ingesta. Durante este tiempo de descanso, puedes utilizar otras plantas recomendadas.

## Recetas de fitoterapia

Aunque las plantas mencionadas anteriormente son eficaces cuando se utilizan de manera individual, sus propiedades pueden amplificarse cuando se combinan adecuadamente. A continuación, se presentan algunas combinaciones especialmente efectivas:

‣ **Receta de fitoterapia nº 1**
*Indicada en casos de ansiedad, dificultad para conciliar el sueño y dormir de un tirón, especialmente para personas mayores.*
*Ingredientes*: 1 litro de agua, 30 gramos de hojas de melisa, 30 gramos de flores de espino blanco*, 20 gramos de raíz de valeriana, 10 gramos de flores de azahar y 10 gramos de conos de lúpulo*.
*Preparación*: Mezcla todas estas plantas. La noche anterior, hierve el litro de agua y, cuando esté tibia, agrega 3 cucharadas rasas de esta mezcla. Déjala macerar durante toda la noche. Tómala durante el día siguiente, repartida entre el desayuno, el almuerzo, la merienda y la cena.

‣ **Receta de fitoterapia nº 2**
*Indicada en casos de estrés, ansiedad y nerviosismo, para relajarte y conciliar el sueño.*
*Ingredientes*: 10 gramos de pasiflora, 10 gramos de tila y 10 gramos de valeriana.
*Preparación*: Mezcla las tres plantas. Hierve agua, retírala del fuego y añade una cucharada de la mezcla. Déjala reposar durante 5 minutos. Tómala sin endulzar o agrega stevia o miel pura de abeja. Se recomienda tomarla 3 veces al día. Por la noche, media hora antes de acostarte.

‣ **Receta de fitoterapia nº 3**
*Indicada en casos de ansiedad con trastornos digestivos.*
*Ingredientes*: 10 gramos de hojas de melisa, 10 gramos de hipérico, 5 gramos de raíz de valeriana, 5 gramos de semillas de hinojo* machacadas, 5 gramos de semillas de comino machacadas y 5 gramos de hojas de menta.
*Preparación*: Mezcla todas estas plantas. Pon al fuego medio litro de agua. Cuando hierva, apaga el fuego y agrega una cucharada de la mezcla de plantas. Tapa y déjalo reposar durante 10 minutos. Cuélalo y tómalo solo, con stevia o con miel. Se recomienda tomarlo 2 ó 3 veces al día.

‣ **Receta de fitoterapia nº 4**
*Indicada en casos de ansiedad con trastornos digestivos.*
*Ingredientes*: 20 gramos de hipérico, 10 gramos de raíz de valeriana, 10 gramos de cardamomo (el fruto), 10 gramos de raíz de jengibre* y 10 gramos de hojas de melisa.
*Preparación*: Mezcla todas estas plantas. Pon al fuego medio litro de agua. Cuando hierva, apaga el fuego y agrega una cucharada de la mezcla de plantas. Tapa y déjalo reposar durante 10 minutos. Cuélalo y tómalo solo, sin endulzar. Se recomienda tomarlo 2 ó 3 veces al día. Por la noche, media hora antes de irte

a la cama.

### ▸ Receta de fitoterapia nº 5
***Indicada en casos de ansiedad y estado depresivo.***
*Ingredientes*: 20 gramos de hipérico o hierba de San Juan, 20 gramos de raíz de valeriana y 10 gramos de hojas de melisa.

*Preparación*: Mezcla las plantas y agrega 2 cucharadas en medio litro de agua tibia o fría. Déjalo macerar durante aproximadamente 12 horas, removiendo de vez en cuando. Cuélalo y endulza con stevia o miel. Se recomienda tomarlo 2 ó 3 veces al día. Por la noche, unos 15 o 30 minutos antes de irte a la cama.

### ▸ Receta de fitoterapia nº 6
***Indicada en casos de ansiedad junto con un gran cansancio físico. También te ayudará a dormir mejor.***
*Ingredientes*: 25 gramos de hojas de melisa, 10 gramos de flores de azahar, 10 gramos del fruto del escaramujo y 5 gramos de flores de malva* roja.

*Preparación*: Mezcla todas estas plantas. Pon al fuego medio litro de agua. Cuando hierva, apaga el fuego y agrega una cucharada de la mezcla de plantas. Tapa y déjalo reposar durante 10 minutos. Cuélalo y tómalo solo, con stevia o con miel. Se recomienda tomarlo media hora antes de irte a dormir.

### ▸ Receta de fitoterapia nº 7
***Indicada en casos de ansiedad con trastornos digestivos o después de haber realizado una comida abundante o pesada.***
*Ingredientes*: 20 gramos de corteza de frángula*, 25 gramos de raíz de angélica, 25 gramos de hojas de salvia*, 25 gramos de flores de malva* y 25 gramos de semillas de lino.

*Preparación*: Mezcla la salvia, las flores de malva y las semillas de lino. Pon al fuego 250 ml de agua. Agrega la corteza de frángula y la raíz de angélica y deja hervir durante 5 minutos más. Luego, retíralo del fuego y añade una cucharadita de la mezcla de plantas. Tapa y déjalo reposar durante 8 minutos. Cuélalo y tómalo solo, con stevia o con miel. Se recomienda tomarlo después de una comida pesada. Si es por la noche, media hora antes de irte a dormir.

### ▸ Receta de fitoterapia nº 8
*Ingredientes*: 2 partes de pasiflora, 1/2 parte de valeriana, 1/2 parte de lúpulo y 1/2 parte de regaliz*.

*Preparación*: Pon el agua a hervir, retírala del fuego y agrega 1 cucharadita de esta mezcla. Tómalo 2 ó 3 veces al día. Por la noche, unos 30 minutos antes de acostarte.

**Nota*: Encontrarás los efectos adversos de estas plantas al final de este capítulo. Consúltalos antes de agregarlas a las recetas.

## Preparación de una tintura para la ansiedad

Las tinturas, también conocidas como extractos botánicos concentrados, son una forma eficaz y potente para aprovechar los beneficios terapéuticos de las plantas medicinales. Mediante un cuidadoso proceso de extracción, se obtienen los compuestos esenciales, como fitoquímicos y principios activos, que concentran valiosas propiedades curativas.

Estas soluciones líquidas han sido empleadas durante siglos en la medicina tradicional por su comprobada eficacia y gran versatilidad. En años recientes, han retomado su relevancia gracias al interés creciente en los remedios naturales y las prácticas herbales.

El método para preparar estos extractos puede variar, aunque generalmente consiste en sumergir partes vegetales –raíces, hojas, flores o cortezas– en un solvente como alcohol, glicerina o agua. Durante el reposo, los elementos activos de la planta se transfieren al líquido, convirtiéndolo en un concentrado medicinal que conserva sus propiedades esenciales.

Una de las principales ventajas de estas preparaciones es su practicidad. Pueden administrarse oralmente añadiendo unas gotas a agua o jugo, lo que facilita su rápida absorción. Además, su elevada concentración permite ajustar la dosis de manera precisa según las necesidades de cada persona.

**‣ Preparación de una tintura de pasiflora**
*Ingredientes*:
- 30 gramos de hojas y flores de pasiflora
- 200 ml de alcohol de 60 grados, o 200 ml de vodka o brandy (Si no se puede consumir alcohol, se puede utilizar vinagre de manzana o glicerina vegetal)
- Un frasco de vidrio hermético de unos 200 ml
- Un frasco con gotero de color marrón oscuro para protegerlo de la luz.

*Preparación*:
1. Machaca o tritura bien las hojas y flores de pasiflora y colócalas en el frasco de vidrio hermético.
2. Llena el resto del frasco con alcohol, vodka, brandy o vinagre.
3. Agita bien y guarda el frasco en un lugar oscuro, lejos de fuentes de calor.

4. Deja macerar la mezcla durante al menos 1 semana, aunque también se puede dejar macerando varios meses. Recuerda agitar el frasco una vez a la semana y volver a guardarlo.

5. Cuando esté listo, filtra la tintura preferiblemente con una gasa esterilizada de algodón en un recipiente de cristal.

6. Transfiere la tintura al frasco de vidrio marrón con gotero y ciérralo bien. Es recomendable poner una etiqueta con la fecha de embotellado.

*Dosificación*: La dosis habitual para adultos es de aproximadamente 30 gotas, de 2 a 3 veces al día, durante un máximo de 8 semanas consecutivas. Luego, se debe hacer una pausa de 1 mes y, si es necesario, se puede continuar el tratamiento (8 semanas de tratamiento y 1 mes de descanso).

*Conservación:*Guarda la tintura en un lugar fresco y oscuro, y verifica siempre la fecha de caducidad (1 año).

## Conoce todo lo necesario sobre las plantas

En esta sección, profundizaremos en las especies botánicas más recomendadas para el tratamiento de la patología que nos ocupa. Encontrarás información clave sobre sus posibles efectos adversos, contraindicaciones e interacciones, así como detalles completos sobre cada planta. Desde su descripción y hábitat hasta las partes utilizadas, componentes químicos, historia y propiedades terapéuticas, este capítulo está diseñado para llevarte en un fascinante viaje de descubrimiento.

Mi objetivo es ofrecerte una visión integral de estas plantas, ayudándote a comprender su contexto y valorar sus múltiples beneficios. Exploraremos su origen histórico y su relevancia en la medicina tradicional, destacando su papel en el cuidado natural.

Quiero que te conviertas en una persona experta en estas especies, capaz de tomar decisiones informadas en la búsqueda de tu bienestar. ¡Prepárate para ampliar tus conocimientos y descubrir el extraordinario poder curativo de la naturaleza!

## Amapola de California (Eschscholzia californica)

**Descripción:**
La amapola de California es una planta nativa del oeste de América del Norte y se encuentra comúnmente en California, de ahí su nombre. Tiene una apariencia llamativa y distintiva, con flores de color amarillo intenso o anaranjado, que se asemejan a

copas o tazas. Las flores miden alrededor de 5 cm de diámetro y están sostenidas por tallos finos y peludos. Las hojas son finamente divididas y de color gris verdoso, y la planta en sí puede alcanzar una altura de hasta 60 cm.

### Hábitat y cultivo:

La amapola de California prefiere climas templados y soleados. Se encuentra principalmente en zonas costeras y en áreas con suelos bien drenados. Es una planta resistente y puede tolerar sequías moderadas. En cuanto al cultivo, la amapola de California se propaga principalmente a partir de semillas. Es una planta de rápido crecimiento y se puede sembrar directamente en el suelo en primavera u otoño. Requiere poco mantenimiento y es popular en jardines ornamentales debido a su atractivo aspecto.

### Partes utilizadas:

En términos de uso, las partes principales de la amapola de California que se utilizan son las flores y las hojas. Las flores se recolectan cuando están completamente abiertas, y las hojas se pueden cosechar en diferentes etapas de crecimiento de la planta.

### Componentes:

La amapola de California contiene varios componentes químicos, incluyendo alcaloides, flavonoides, saponinas y aceites esenciales. Los alcaloides más destacados presentes en la planta son la californidina y la eschscholtzina.

### Historia y tradición:

La amapola de California ha sido utilizada durante mucho tiempo por las tribus nativas americanas de la región. Los nativos americanos consideraban que esta planta tenía propiedades medicinales y la utilizaban para aliviar dolores, tratar problemas del sueño y calmar los nervios. También se utilizaba ceremonialmente en rituales y como tinte natural para teñir tejidos.

### Propiedades terapéuticas:

Se ha utilizado en la medicina tradicional para tratar una variedad de dolencias. Tiene propiedades sedantes y analgésicas suaves, lo que la convierte en una opción popular para aliviar el insomnio y la ansiedad leve. También se ha utilizado como relajante muscular y antiespasmódico. Sin embargo, es importante destacar que antes de utilizarla con fines terapéuticos, se debe buscar asesoramiento médico, ya que su eficacia y seguridad pueden variar según cada persona.

**Curiosidades:**
La amapola de California es la flor estatal de California, donde crece de forma silvestre en abundancia y se considera un símbolo de la belleza natural de la región.

Se le atribuye un efecto relajante y calmante, lo que ha llevado a su popularidad en la aromaterapia y en la preparación de infusiones y tés herbales.

Sus semillas son pequeñas y se utilizan en la industria alimentaria como condimento en panes, pasteles y otros productos horneados.

Esta planta también es atractiva para las abejas y otros polinizadores, lo que la convierte en una opción favorable para promover la biodiversidad en jardines y paisajes.

**Efectos adversos o secundarios:**
En general, la amapola de California se considera segura y no se han reportado efectos adversos graves. Sin embargo, algunas personas pueden experimentar reacciones alérgicas leves, como enrojecimiento o picazón en la piel, si están expuestas a la planta o sus extractos.

Como con cualquier planta medicinal, es posible que algunas personas sean más sensibles o tengan una reacción inusual, por lo que se recomienda precaución y supervisión médica si se presentan síntomas adversos.

**Contraindicaciones:**
Aunque esta planta se considera generalmente segura, existen algunas contraindicaciones a tener en cuenta.

No se recomienda su uso durante el embarazo o la lactancia debido a la falta de información sobre su seguridad en estas situaciones.

Aquellas personas que tienen alergia conocida a las plantas de la familia de las amapolas (Papaveráceas) deben evitar su uso, ya que puede haber una posible reacción alérgica cruzada.

Como siempre, es importante consultar con un profesional de la salud antes de utilizar cualquier planta con fines medicinales, especialmente si se está tomando alguna medicación o se tienen condiciones médicas preexistentes.

**Interacciones:**
Aunque no se han documentado interacciones significativas de la amapola de California con fármacos específicos, siempre es recomendable consultar a un médico o farmacéutico antes de combinar cualquier planta medicinal con medicamentos recetados o de venta libre.

Dado que la amapola de California tiene propiedades sedantes suaves, puede potenciar los efectos de otros medicamentos o sustancias que causan somnolencia, como los sedantes, los antihistamínicos o los tranquilizantes. Se debe tener precaución al combinarla con estos medicamentos, ya que podría aumentar el riesgo de somnolencia excesiva o reducir la capacidad de atención.

# Angélica (Angelica archangelica)

### Descripción:
La planta de Angélica, científicamente conocida como Angelica archangelica, es una hierba perenne perteneciente a la familia de las Apiaceae. Es originaria de Europa y se caracteriza por tener tallos altos, huecos y estriados, que pueden alcanzar una altura de hasta dos metros. Sus hojas son grandes, compuestas y de color verde oscuro, con bordes dentados. La planta produce umbelas de flores pequeñas, blancas o verdosas, que se agrupan en inflorescencias en forma de sombrilla.

### Hábitat y cultivo:
La Angélica crece de forma silvestre en áreas húmedas y sombreadas, como prados húmedos, orillas de ríos y bosques. También se cultiva en jardines y huertos herbales. Prefiere suelos fértiles y bien drenados, y requiere una exposición parcial a la sombra para su crecimiento óptimo. Es una planta resistente al frío y puede sobrevivir en climas templados.

### Partes utilizadas:
En la medicina tradicional, se utilizan principalmente las raíces y las semillas de la planta de Angélica con fines terapéuticos. Las raíces se cosechan antes de que la planta florezca y se secan para su posterior uso. También se pueden utilizar las semillas maduras.

### Componentes:
Contiene varios componentes químicos beneficiosos, incluyendo aceites esenciales, cumarinas, flavonoides y ácidos fenólicos. Los aceites esenciales, que se encuentran principalmente en las raíces, contienen compuestos como el felandreno, el limoneno y el pineno, que le confieren propiedades medicinales.

### Historia y tradición:
La Angélica tiene una rica historia y tradición en la medicina herbal. Se cree que fue utilizada por primera vez en el siglo X por monjes en Europa. Ha sido valorada por sus propiedades medicinales y se ha utilizado como remedio para diversos

trastornos, incluyendo problemas digestivos, trastornos respiratorios y dolores menstruales. Además, la planta ha sido considerada en algunas culturas como una hierba sagrada y protectora, utilizada en rituales y como amuleto de buena suerte.

**Propiedades terapéuticas:**
Esta planta se ha utilizado tradicionalmente por sus propiedades medicinales. Tiene efectos estimulantes, digestivos, carminativos, antiespasmódicos y expectorantes. Se utiliza para aliviar los trastornos digestivos, como la indigestión, los cólicos y la flatulencia. También se ha utilizado para aliviar los espasmos musculares, como los dolores menstruales y los calambres intestinales. Además, se ha utilizado como expectorante para ayudar a aliviar la tos y la congestión bronquial.

**Curiosidades:**
En la Edad Media, se creía que esta planta tenía propiedades protectoras contra los maleficios y los espíritus malignos, por lo que se utilizaba para colgar en las puertas y ventanas de las casas. Además, su nombre científico "archangelica" proviene del creencia de que fue revelada por un arcángel en un sueño a un monje, quien luego la utilizó para tratar la peste bubónica. También es conocida como "la raíz del Espíritu Santo" debido a su uso en la fabricación de licores y bebidas espirituosas.

**Efectos adversos o secundarios:**
Aunque la planta de Angélica se considera segura para la mayoría de las personas cuando se consume en cantidades moderadas, se han reportado algunos efectos adversos. Estos pueden incluir reacciones alérgicas en algunas personas sensibles, como erupciones cutáneas, picazón o dificultad para respirar. Además, se debe tener precaución en personas con sensibilidad al sol, ya que la exposición a la luz solar después de consumir Angélica puede causar reacciones en la piel, como quemaduras o enrojecimiento.

**Contraindicaciones:**
A pesar de sus beneficios potenciales, la planta de Angélica tiene algunas contraindicaciones a tener en cuenta. No se recomienda su uso en mujeres embarazadas, ya que puede estimular la contracción uterina y provocar un aborto involuntario. Tampoco se recomienda su uso durante la lactancia, ya que no se ha investigado lo suficiente sobre su seguridad en esta etapa. Además, las personas con trastornos hemorrágicos o que están tomando anticoagulantes deben evitar su consumo, ya que puede aumentar el riesgo de sangrado.

**Interacciones:**
La planta de Angélica puede interactuar con ciertos fármacos o 
suplementos. Por ejemplo, debido a su contenido de cumarinas, 
puede aumentar el efecto anticoagulante de los medicamentos 
anticoagulantes, como la warfarina. También puede interactuar 
con medicamentos que se metabolizan en el hígado, ya que 
puede influir en la actividad de las enzimas hepáticas. Por lo 
tanto, es importante hablar con un profesional de la salud antes 
de usarla si estás tomando medicamentos o suplementos.

# Azahar, Flor de (Citrus aurantium)

### Descripción:
La flor de azahar proviene del naranjo amargo (Citrus 
aurantium), un árbol de hoja perenne que puede alcanzar alturas 
de hasta 10 metros. Las flores son pequeñas, blancas y fragantes, 
con cinco pétalos y numerosos estambres en su centro. Tienen 
un aroma dulce y cítrico distintivo que las hace populares tanto 
en la industria de la perfumería como en la medicina tradicional.

### Hábitat y cultivo:
El naranjo amargo es originario de Asia, pero se cultiva en 
muchas regiones del mundo con climas cálidos y subtropicales. 
Se encuentra comúnmente en el Mediterráneo, el norte de África 
y el sur de Estados Unidos. El árbol prefiere suelos bien drenados 
y requiere una exposición prolongada al sol para crecer 
adecuadamente. Además de su uso en la medicina, los naranjos 
amargos también se cultivan por sus frutos amargos, que se 
utilizan en la producción de mermeladas y licores.

### Partes utilizadas:
En la medicina tradicional, se utilizan principalmente las flores 
del azahar con fines terapéuticos. Las flores se recolectan cuando 
están completamente abiertas y luego se secan para su 
almacenamiento y posterior uso. También se pueden utilizar los 
pétalos y los estambres de la flor.

### Componentes:
La flor de azahar contiene una variedad de componentes químicos, incluyendo aceites esenciales, flavonoides y compuestos 
polifenólicos. Los principales componentes responsables de su 
aroma y propiedades terapéuticas son el linalool y el acetato de 
linalilo, que son compuestos volátiles que contribuyen al efecto 
relajante y sedante de la flor.

### Historia y tradición:
El uso medicinal de la flor de azahar tiene una larga historia. Se cree que los antiguos egipcios la utilizaban en rituales religiosos y como remedio para el estrés y la ansiedad. En la medicina tradicional china, se ha utilizado durante siglos para tratar trastornos del sueño, calmar los nervios y mejorar el estado de ánimo. En la cultura occidental, la flor de azahar ha sido valorada por sus propiedades relajantes y su aroma delicado, y se ha utilizado en infusiones, aceites y perfumes.

### Propiedades terapéuticas:
La flor de azahar se ha utilizado tradicionalmente por sus propiedades terapéuticas, especialmente en el ámbito de la relajación y el bienestar emocional. Tiene efectos sedantes y calmantes, y se utiliza para aliviar el estrés, promover la relajación y mejorar la calidad del sueño. También se ha utilizado en algunos casos para aliviar los síntomas de la ansiedad y la depresión leve.

### Curiosidades:
Esta planta tiene una larga historia de uso en la gastronomía y la perfumería. Se utiliza como ingrediente en muchos productos, como tés, infusiones, aceites esenciales, aguas florales y perfumes. Además, el azahar es el símbolo de la pureza y la fertilidad en algunas culturas, y se ha utilizado en bodas y rituales religiosos.

### Efectos adversos o secundarios:
En general, la flor de azahar se considera segura para la mayoría de las personas cuando se consume en cantidades moderadas. Sin embargo, algunas personas pueden experimentar efectos adversos, como náuseas, vómitos o irritación gastrointestinal leve. Además, debido a su efecto sedante, puede causar somnolencia en algunas personas, por lo que se recomienda precaución al conducir u operar maquinaria después de consumirla.

### Contraindicaciones:
Aunque la flor de azahar es en su mayoría segura, existen algunas contraindicaciones a tener en cuenta. No se recomienda su uso en mujeres embarazadas o en período de lactancia, ya que no se han realizado suficientes estudios sobre su seguridad en estas situaciones. Además, las personas que son alérgicas a los cítricos o tienen sensibilidad a los aceites esenciales deben evitar su consumo o uso tópico.

### Interacciones:

Puede tener interacciones con ciertos fármacos o suplementos. Por ejemplo, debido a su efecto sedante, puede aumentar los efectos de los sedantes o medicamentos para dormir. También puede interactuar con medicamentos para la presión arterial, antidepresivos y anticonvulsivos. Si estás tomando algún medicamento, es importante consultar con un profesional de la salud antes de usar la flor de azahar con fines medicinales.

# Espino blanco (Crataegus monogyna)

### Descripción:
El espino blanco, también conocido como espino albar, es un arbusto o pequeño árbol perteneciente a la familia de las Rosáceas y cuyo nombre científico es Crataegus monogyna. Es originario de Europa, pero también se encuentra en otras partes del mundo. El espino blanco tiene un tronco corto y ramas espinosas. Sus hojas son dentadas y tienen forma de lanza. En primavera, produce pequeñas flores blancas con cinco pétalos y un aroma delicado. Estas flores se transforman en pequeñas bayas rojas o negras en el otoño.

### Hábitat y cultivo:
El espino blanco se encuentra en una amplia variedad de hábitats, como bosques, matorrales, setos y praderas. Es una planta muy resistente que puede adaptarse a diferentes tipos de suelos, aunque prefiere los suelos bien drenados y ligeramente ácidos. También puede crecer tanto a pleno sol como en áreas de sombra parcial. El espino blanco es ampliamente cultivado como planta ornamental en jardines y parques debido a sus flores decorativas y sus bayas llamativas.

### Partes utilizadas:
Las partes utilizadas con fines medicinales son las flores, las hojas y las bayas. Las flores se recolectan en primavera antes de que se abran por completo. Las hojas se recolectan en la primavera o el verano, mientras que las bayas se recolectan en otoño.

### Componentes:
Contiene una variedad de componentes beneficiosos para la salud. Las flores contienen flavonoides, taninos y aceites esenciales. Las hojas también contienen flavonoides, así como ácidos orgánicos y vitamina C. Las bayas son ricas en vitamina C y también contienen flavonoides y antioxidantes.

### Historia y tradición:
El espino blanco tiene una larga historia de uso en la medicina tradicional europea. Se ha utilizado durante siglos para tratar problemas cardíacos y circulatorios, como la insuficiencia cardíaca y la hipertensión. Además, el espino blanco ha sido utilizado para aliviar la ansiedad, mejorar el sueño y promover la digestión. También ha sido considerado como un símbolo de protección y buena suerte en algunas culturas europeas.

### Propiedades terapéuticas:
Esta planta posee propiedades terapéuticas que lo hacen valioso en la medicina natural. Se ha utilizado para mejorar la salud cardiovascular y promover la circulación sanguínea. El espino blanco puede ayudar a fortalecer el músculo cardíaco, regular el ritmo cardíaco y reducir la presión arterial. También se ha utilizado para aliviar los síntomas de la insuficiencia cardíaca, como la fatiga, la falta de aire y la hinchazón. Además, el espino blanco tiene propiedades antioxidantes y antiinflamatorias, lo que puede ayudar a proteger las células del daño oxidativo y reducir la inflamación en el cuerpo. También se ha utilizado para aliviar la ansiedad, mejorar la calidad del sueño y promover una digestión saludable.

### Curiosidades:
El espino blanco tiene algunas curiosidades interesantes. Una de ellas es su larga historia de uso en la medicina tradicional europea, siendo considerado como un remedio natural para problemas cardíacos y circulatorios. Además, el espino blanco es conocido por sus flores blancas delicadas y sus bayas rojas o negras, que le dan un aspecto llamativo y atractivo en jardines y parques. Otro dato curioso es que el espino blanco ha sido considerado como un símbolo de protección y buena suerte en algunas culturas europeas, asociado con la fortaleza y la longevidad.

### Efectos adversos o secundarios:
Aunque es generalmente seguro para la mayoría de las personas, puede causar algunos efectos adversos o secundarios en algunos casos. Los efectos secundarios más comunes incluyen malestar estomacal, náuseas, diarrea y dolores de cabeza. Además, en raras ocasiones, puede causar una reacción alérgica en personas sensibles. También se ha informado que el consumo excesivo de espino blanco puede provocar una disminución excesiva de la presión arterial, lo que puede ser peligroso para las personas que ya tienen presión arterial baja. Por lo tanto, es importante utilizarlo con precaución y consultar a un profesional de la salud si se experimentan efectos adversos.

**Contraindicaciones:**
Aunque el espino blanco es generalmente seguro, existen algunas contraindicaciones a tener en cuenta. Las personas que están tomando medicamentos para la presión arterial, los anticoagulantes o los medicamentos para el corazón deben tener precaución al utilizar el espino blanco, ya que puede interactuar con estos medicamentos y potencialmente aumentar o disminuir sus efectos. Además, las mujeres embarazadas o en período de lactancia deben evitar su uso debido a la falta de evidencia sobre su seguridad en estas etapas. Si tienes alguna condición de salud específica o estás tomando algún medicamento, es recomendable consultar a un profesional de la salud antes de utilizar el espino blanco.

**Interacciones:**
Puede interactuar con ciertos medicamentos, por lo que es importante tener precaución al combinarlo con otros tratamientos. Puede aumentar los efectos de los medicamentos para la presión arterial, como los bloqueadores beta y los inhibidores de la enzima convertidora de angiotensina, lo que puede provocar una disminución excesiva de la presión arterial. También puede interactuar con anticoagulantes, como la warfarina, aumentando el riesgo de sangrado. Además, el espino blanco puede interferir con la absorción de ciertos fármacos, como los antagonistas del calcio. Por lo tanto, es importante informar a tu médico si estás tomando espino blanco o suplementos que lo contengan, para que pueda evaluar las posibles interacciones y ajustar el tratamiento en consecuencia.

# Frángula (Rhamnus frangula)

**Descripción:**
La frángula, conocida científicamente como Rhamnus frangula, es un arbusto perenne que pertenece a la familia de las Rhamnaceae. Esta planta, también llamada aliso negro o canguro, es nativa de Europa, Asia occidental y algunas partes de América del Norte. La frángula tiene una apariencia distintiva, con ramas delgadas, hojas alternas y flores pequeñas y verdosas que se desarrollan en racimos. Al madurar, produce pequeñas bayas de color negro que contienen semillas.

**Hábitat y cultivo:**
Se encuentra comúnmente en áreas húmedas, como pantanos, márgenes de ríos y bosques húmedos. Prefiere suelos fértiles y bien drenados. En cuanto al cultivo, la frángula se puede

propagar a través de semillas o esquejes. Sin embargo, es importante tener en cuenta que en algunas regiones puede considerarse una especie invasora, por lo que su cultivo puede estar restringido.

### Partes utilizadas:
Las partes utilizadas de la frángula son principalmente la corteza y las bayas. La corteza, que es la parte más comúnmente empleada, se recolecta de los tallos y ramas del arbusto. Las bayas maduras también se pueden utilizar, aunque en menor medida. Tanto la corteza como las bayas contienen compuestos activos que confieren propiedades medicinales a la planta.

### Componentes:
Contiene varios componentes químicos que le confieren sus propiedades terapéuticas. Entre los compuestos más importantes se encuentran los antraquinonas, como la frangulina y la emodina. Estas sustancias son responsables de las propiedades laxantes y purgantes de la planta. Otros componentes incluyen flavonoides, taninos y aceites esenciales en menor cantidad.

### Historia y tradición:
La frángula ha sido utilizada en la medicina tradicional europea durante siglos. Se cree que los antiguos egipcios ya conocían sus propiedades laxantes. En Europa, la planta ha sido ampliamente utilizada para tratar el estreñimiento y otros trastornos digestivos. También se ha empleado tradicionalmente como diurético y para aliviar afecciones de la piel. Además, la frángula ha sido utilizada en la fabricación de tintes naturales debido a su capacidad para producir tonos oscuros.

### Propiedades terapéuticas:
Es conocida principalmente por su acción laxante y purgante. Los compuestos antraquinónicos presentes en la corteza y las bayas estimulan el movimiento intestinal y promueven la evacuación de los intestinos. Por esta razón, la frángula se utiliza para tratar el estreñimiento ocasional y promover la regularidad intestinal.

Además de sus propiedades laxantes, la frángula también tiene propiedades diuréticas, ayudando a aumentar la producción de orina y favoreciendo la eliminación de toxinas del cuerpo.

### Curiosidades:
La frángula es conocida por su nombre común "aliso negro" debido a la similitud de su corteza con la del aliso común.

Aunque se utiliza principalmente con fines medicinales, la frángula también se ha utilizado en la fabricación de tintes naturales, ya que su corteza produce tonos oscuros.

En la antigüedad, los antiguos egipcios ya conocían las propiedades laxantes de la frángula y la utilizaban para este propósito.

La frángula es una planta que se encuentra principalmente en Europa, Asia occidental y algunas partes de América del Norte.

En la medicina tradicional europea, la frángula ha sido utilizada durante siglos como un remedio herbal para tratar el estreñimiento y otros problemas digestivos.

**Efectos adversos o secundarios:**

El uso prolongado o abusivo de la frángula puede causar efectos adversos como diarrea intensa, cólicos y desequilibrios electrolíticos.

Algunas personas pueden experimentar malestar estomacal, náuseas o vómitos después de tomar frángula.

La frángula también puede causar irritación o sensibilidad en el tracto gastrointestinal en algunas personas.

Es importante tener en cuenta que el uso excesivo de la frángula puede llevar a la dependencia de los laxantes, lo que significa que el cuerpo puede volverse dependiente de su uso para tener movimientos intestinales regulares.

**Contraindicaciones:**

La frángula está contraindicada en casos de obstrucción intestinal, apendicitis, hemorroides o cualquier afección abdominal grave.

No se recomienda su uso durante el embarazo o la lactancia, ya que no se ha establecido su seguridad en estas etapas.

Aquellos que sufren de enfermedades inflamatorias del intestino, como la enfermedad de Crohn o la colitis ulcerosa, deben evitar el uso de esta planta.

Si se está tomando medicamentos como anticoagulantes, diuréticos, antiarrítmicos o corticosteroides, es importante consultar a un médico antes de usar la frángula debido a posibles interacciones medicamentosas.

**Interacciones:**

La frángula puede interactuar con ciertos medicamentos, como los anticoagulantes, debido a su efecto anticoagulante. Puede aumentar el riesgo de sangrado si se toma junto con estos fármacos.

También puede interferir con la absorción de otros medicamentos, como los diuréticos o los medicamentos para la presión arterial, lo que puede reducir su efectividad.

Si se está tomando otros medicamentos, es importante hablar

con un médico o farmacéutico antes de usar esta planta para evitar posibles interacciones negativas.

# Hinojo (Foeniculum vulgare)

### Descripción:
El hinojo es una planta herbácea perenne perteneciente a la familia de las Apiaceae. Su nombre científico es Foeniculum vulgare. Tiene tallos erectos y estriados, que pueden alcanzar una altura de hasta 2 metros. Las hojas son largas y finamente divididas, de color verde brillante. Las flores son pequeñas y amarillas, agrupadas en umbelas. El hinojo produce frutos secos y alargados, que contienen las semillas. Tanto las hojas como las semillas tienen un aroma distintivo y un sabor anisado.

### Hábitat y cultivo:
El hinojo es originario de la región del Mediterráneo, pero se cultiva en muchas partes del mundo debido a su valor culinario y medicinal. Prefiere suelos bien drenados y fértiles, y puede crecer en pleno sol o en áreas de sombra parcial. Es resistente a la sequía y puede tolerar temperaturas frías. Se cultiva fácilmente a partir de semillas y se puede encontrar tanto en jardines como en cultivos comerciales.

### Partes utilizadas:
En el hinojo, las partes utilizadas con fines culinarios y medicinales son las semillas, las hojas y los tallos. Las semillas son las más comúnmente utilizadas, ya sea enteras o molidas. Las hojas y los tallos también se pueden utilizar frescos o secos para dar sabor a platos.

### Componentes:
Contiene una variedad de componentes beneficiosos para la salud. Las semillas son ricas en aceites esenciales, como el anetol, que le confieren su aroma y sabor característicos. También contienen compuestos fenólicos, flavonoides y fitoquímicos, que tienen propiedades antioxidantes y antiinflamatorias. El hinojo también es una buena fuente de fibra dietética, vitaminas (como la vitamina C y la vitamina B6) y minerales (como el calcio, el hierro y el potasio).

### Historia y tradición:
El hinojo tiene una larga historia de uso en la medicina tradicional y la cocina de diferentes culturas. En la medicina ayurvédica de la India, se ha utilizado para tratar problemas

digestivos, como la indigestión y los cólicos. En la medicina tradicional china, se ha utilizado para mejorar la digestión, aliviar los gases y promover la lactancia materna. Además, el hinojo ha sido utilizado en la cocina mediterránea desde la antigüedad, tanto por su sabor como por sus propiedades digestivas.

### Propiedades terapéuticas:

El hinojo tiene propiedades terapéuticas que lo hacen valioso en la medicina natural. Se ha utilizado para aliviar problemas digestivos, como la indigestión, los cólicos y la flatulencia. También se ha utilizado para tratar afecciones respiratorias, como la tos y el resfriado común, debido a sus propiedades expectorantes y antiespasmódicas. El hinojo también se ha utilizado para estimular el apetito, promover la lactancia materna y aliviar los síntomas del síndrome premenstrual. Además, se ha investigado su potencial para reducir la inflamación, mejorar la salud ocular y promover la salud cardiovascular. Sin embargo, es importante tener en cuenta que el hinojo puede tener efectos adversos en algunas personas, como alergias.

### Curiosidades:

El hinojo tiene algunas curiosidades interesantes asociadas a su historia y uso. En la antigua Grecia, se creía que el hinojo era una planta sagrada y se usaba en ceremonias religiosas. Además, los guerreros griegos y romanos solían masticar las semillas de hinojo para aumentar su fuerza y resistencia. En la Edad Media, se creía que el hinojo tenía poderes mágicos y se utilizaba como talismán para proteger contra el mal de ojo y los hechizos malignos. En la cocina, el hinojo es conocido por su uso en platos tradicionales como el pan de hinojo y el licor de hinojo, que se consume en muchos países mediterráneos.

### Efectos adversos o secundarios:

Aunque se considera generalmente seguro para la mayoría de las personas cuando se consume en cantidades moderadas, puede causar algunos efectos adversos o secundarios en algunos individuos. Algunas personas pueden experimentar alergias al hinojo, que pueden manifestarse como erupciones cutáneas, picazón o dificultad para respirar. Además, el consumo excesivo de hinojo puede causar malestar estomacal, diarrea o sensación de ardor en el estómago. En casos raros, se han informado reacciones alérgicas graves, como hinchazón de la cara, labios o lengua, que requieren atención médica inmediata.

### Contraindicaciones:

Aunque el hinojo es generalmente seguro para la mayoría de las personas, hay algunas contraindicaciones a tener en cuenta.

Las mujeres embarazadas deben evitar el consumo de hinojo, ya que puede estimular el útero y provocar contracciones, lo que puede ser peligroso durante el embarazo. También se recomienda precaución en mujeres lactantes, ya que no se sabe con certeza si el consumo de hinojo puede afectar la producción de leche materna. Las personas con trastornos de la coagulación de la sangre o que toman anticoagulantes deben evitar el hinojo, ya que puede aumentar el riesgo de sangrado.

**Interacciones:**
El hinojo puede interactuar con algunos medicamentos, por lo que es importante tener precaución al combinarlo con otros tratamientos. Por ejemplo, el hinojo puede aumentar los efectos de los medicamentos anticoagulantes, como la warfarina, aumentando el riesgo de sangrado. Además, el hinojo puede interferir con la absorción de ciertos medicamentos, como los inhibidores de la bomba de protones utilizados para tratar la acidez estomacal o los medicamentos para la tiroides. También se ha informado que el hinojo puede tener un efecto estrogénico débil, por lo que las personas que toman terapia hormonal o tienen antecedentes de cáncer relacionado con hormonas deben tener precaución y consultar a su médico antes de usar hinojo o suplementos de hinojo.

# Hipérico o Hierba de San Juan (Hypericum perforatum)

**Descripción:**
El hipérico, conocido también como hierba de San Juan o Hypericum perforatum, es una planta perenne que pertenece a la familia de las hipericáceas. Se caracteriza por tener tallos erectos y ramificados, con hojas opuestas y lanceoladas de color verde oscuro. Las flores del hipérico son amarillas y presentan cinco pétalos con pequeñas glándulas translúcidas que le dan un aspecto perforado cuando se sostienen contra la luz. La planta puede alcanzar una altura de hasta un metro y florece durante los meses de verano.

**Hábitat y cultivo:**
El hipérico es nativo de Europa, pero también se encuentra en otras partes del mundo, incluyendo América del Norte y Asia. Prefiere crecer en áreas soleadas y abiertas, como prados, bordes de caminos y terrenos baldíos. Se adapta bien a diferentes tipos de suelos, incluyendo los pobres en nutrientes. En cuanto a su cultivo, el hipérico se propaga principalmente por semillas y se puede plantar en primavera u otoño. Es una planta resistente que

puede crecer en diversas condiciones climáticas.

**Partes utilizadas:**
La parte más utilizada del hipérico son las flores, que se recolectan durante la época de floración. Sin embargo, algunas preparaciones también pueden incluir hojas y tallos. Es importante tener en cuenta que sólo se deben utilizar las partes de la planta que han sido identificadas correctamente, ya que existen otras especies de hipérico que pueden ser tóxicas o menos beneficiosas.

**Componentes:**
El hipérico contiene una variedad de componentes químicos, incluyendo hipericina, hiperforina, flavonoides, taninos y aceites esenciales. La hipericina y la hiperforina son consideradas dos de los principales compuestos activos presentes en la planta.

**Historia y tradición:**
El hipérico ha sido utilizado en la medicina tradicional durante siglos. Su nombre "hierba de San Juan" hace referencia a la festividad cristiana del 24 de junio, día de San Juan Bautista, que coincide con el período de máxima floración del hipérico. En la antigüedad, la planta era considerada sagrada y se le atribuían propiedades protectoras contra los malos espíritus y enfermedades. A lo largo de la historia, el hipérico ha sido utilizado para tratar una variedad de dolencias, incluyendo trastornos del ánimo, heridas, quemaduras y problemas digestivos.

**Propiedades terapéuticas:**
El hipérico se ha utilizado ampliamente en la fitoterapia debido a sus propiedades medicinales. Tiene efectos antidepresivos y ansiolíticos leves, por lo que se utiliza comúnmente para tratar la depresión leve a moderada y los trastornos de ansiedad. También se le atribuyen propiedades antiinflamatorias, cicatrizantes y antibacterianas, por lo que se ha utilizado para el tratamiento de heridas y quemaduras superficiales. Sin embargo, es importante destacar que los efectos terapéuticos varían entre las personas y que el hipérico puede interactuar con ciertos medicamentos, por lo que se debe buscar asesoramiento médico antes de su uso.

**Curiosidades:**
El hipérico, también conocido como hierba de San Juan, es una planta perenne que se encuentra comúnmente en Europa, Asia y América del Norte.
Durante siglos, se ha utilizado con fines medicinales, especialmente para tratar la depresión y la ansiedad.
El nombre "hierba de San Juan" proviene de la tradición de

recolectar la planta alrededor del día de San Juan, el 24 de junio.

La planta tiene flores amarillas brillantes y tiene propiedades terapéuticas debido a los compuestos químicos presentes en ella, como la hipericina y la hiperforina.

### Efectos adversos o secundarios:

Aunque el hipérico se considera generalmente seguro cuando se usa correctamente, puede tener efectos adversos en ciertos casos:

Algunas personas pueden experimentar trastornos gastrointestinales, como malestar estomacal, diarrea o estreñimiento, al tomar hipérico.

También se ha informado de casos de sequedad de boca, mareos, fatiga, irritabilidad y fotosensibilidad en algunas personas.

Es importante tener en cuenta que el hipérico puede interactuar con otros medicamentos, lo que puede aumentar el riesgo de efectos secundarios o reducir la eficacia de ciertos tratamientos.

### Contraindicaciones:

El hipérico está contraindicado en ciertos casos y debe evitarse en situaciones específicas.

No se recomienda su uso en mujeres embarazadas o en período de lactancia debido a la falta de evidencia suficiente sobre su seguridad en estas condiciones.

Las personas que tienen antecedentes de trastornos convulsivos o epilepsia deben evitar el uso de hipérico, ya que puede aumentar el riesgo de convulsiones.

Aquellos que estén tomando medicamentos antidepresivos, anticoagulantes, inmunosupresores o medicamentos para tratar enfermedades del corazón deben consultar a su médico antes de usarlo debido a las posibles interacciones medicamentosas.

### Interacciones:

Esta planta puede interactuar con una variedad de fármacos y suplementos, lo que puede afectar su eficacia o aumentar el riesgo de efectos secundarios.

Puede disminuir los niveles de ciertos medicamentos en el cuerpo, incluyendo anticonceptivos orales, antidepresivos, inmunosupresores, anticoagulantes y medicamentos para tratar enfermedades del corazón.

También puede interactuar con suplementos herbales como el ginkgo biloba y el ginseng, así como con alimentos ricos en tiramina, como el queso curado y el vino tinto.

Si estás tomando algún medicamento o suplemento, es importante hablar con un profesional de la salud antes de usar hipérico para evitar interacciones no deseadas.

# Jengibre (Zingiber officinale)

### Descripción:
El jengibre, cuyo nombre científico es Zingiber officinale, es una planta perenne con tallos subterráneos llamados rizomas. Tiene hojas largas y estrechas, y flores amarillas o blancas en forma de cono. El rizoma es la parte más utilizada, y tiene un sabor picante y aromático.

### Hábitat y cultivo:
El jengibre es originario de Asia tropical y se cultiva en muchas partes del mundo. Prefiere climas cálidos y húmedos, y se puede cultivar tanto en jardines como en macetas en interiores.

### Partes utilizadas:
El rizoma del jengibre es la parte más utilizada. Se recolecta, se pela y se utiliza fresco o seco para su uso culinario y medicinal. También se pueden utilizar las hojas y las flores en ciertas preparaciones.

### Componentes:
El jengibre contiene compuestos activos como gingerol, shogaol y zingibereno, que le confieren sus propiedades medicinales. También contiene antioxidantes, vitaminas y minerales.

El jengibre, conocido científicamente como Zingiber officinale, es una planta perenne originaria de Asia tropical. Ha sido utilizado durante siglos tanto como especia en la cocina como en la medicina tradicional debido a sus múltiples beneficios para la salud.

### Historia y tradición:
Esta planta ha sido cultivada y utilizada en Asia desde hace más de 5,000 años. Se cree que su origen se encuentra en la región costera del sur de Asia, específicamente en lo que hoy conocemos como India y China. Desde allí, se ha extendido a diversas partes del mundo y se ha integrado en las tradiciones culinarias y medicinales de muchas culturas.

El jengibre ha sido especialmente valorado en la medicina tradicional asiática, como la medicina ayurvédica y la medicina tradicional china. En estas tradiciones, se considera una planta "caliente" que puede ayudar a equilibrar el cuerpo y tratar una variedad de dolencias. Se ha utilizado para aliviar problemas digestivos, como náuseas, vómitos y malestar estomacal. Además, se ha utilizado como un tónico general para fortalecer el sistema inmunológico y promover la circulación sanguínea.

**Propiedades terapéuticas:**

El jengibre contiene compuestos bioactivos, como los gingeroles y los shogaoles, que le confieren sus propiedades medicinales. Estos compuestos son los responsables del sabor y aroma característicos del jengibre, pero también tienen efectos beneficiosos en el cuerpo humano.

Una de las propiedades más conocidas del jengibre es su capacidad para aliviar las náuseas y los vómitos. Numerosos estudios han demostrado que el consumo de jengibre puede ser efectivo en el alivio de las náuseas causadas por el embarazo, la quimioterapia o la cirugía. Los compuestos del jengibre actúan en el sistema digestivo, reduciendo la sensación de malestar y mejorando la motilidad intestinal.

Además, el jengibre también se ha utilizado para aliviar el dolor y la inflamación. Se ha demostrado que los gingeroles y los shogaoles tienen propiedades antiinflamatorias y analgésicas, lo que los convierte en una opción natural para el alivio del dolor en condiciones como la artritis, los dolores musculares y las migrañas. Algunos estudios incluso sugieren que el consumo regular de jengibre puede ayudar a reducir la inflamación crónica en el cuerpo.

Esta planta también tiene efectos positivos en la salud cardiovascular. El consumo regular de jengibre puede ayudar a reducir los niveles de colesterol y triglicéridos en la sangre, así como mejorar la circulación sanguínea. Estos efectos podrían contribuir a la salud del corazón y reducir el riesgo de enfermedades cardiovasculares.

Además de sus propiedades terapéuticas, el jengibre también se utiliza como especia en la cocina debido a su sabor picante y aromático. Se añade a platos salados y dulces, así como a bebidas como la infusión de jengibre. Su versatilidad culinaria lo convierte en un ingrediente popular en muchas culturas y cocinas del mundo.

**Curiosidades:**

El jengibre es una planta originaria de Asia tropical. Ha sido utilizado durante siglos tanto en la cocina como en la medicina tradicional debido a sus propiedades medicinales. Aquí se presentan algunas curiosidades interesantes sobre el jengibre:

Sabor picante y refrescante: El jengibre tiene un sabor distintivo, con un toque picante y refrescante. Este sabor característico se debe a la presencia de compuestos activos como los gingeroles y los shogaols, que también le confieren sus propiedades medicinales.

Uso ancestral: El jengibre ha sido utilizado en la medicina tradicional china e india desde hace más de 2.000 años. Se ha utilizado para tratar una amplia variedad de afecciones, desde problemas digestivos hasta dolores musculares y resfriados.

Uso culinario: Además de sus propiedades medicinales, el jengibre es una especia muy popular en la cocina. Se utiliza en platos dulces y salados, como curries, postres, infusiones y bebidas refrescantes como el ginger ale.

### Efectos adversos o secundarios:

Aunque el jengibre es generalmente seguro para la mayoría de las personas cuando se consume en cantidades moderadas, algunas personas pueden experimentar efectos adversos o secundarios:

Malestar estomacal: En algunas personas, el consumo excesivo de jengibre puede causar malestar estomacal, náuseas, acidez o diarrea. Estos efectos secundarios son generalmente leves y desaparecen por sí solos.

Interferencia con medicamentos: El jengibre puede interactuar con ciertos medicamentos, como los anticoagulantes o los antihipertensivos. Se recomienda precaución al combinar el jengibre con estos medicamentos y es importante consultar a un médico antes de hacerlo.

Reacciones alérgicas: Aunque son raras, algunas personas pueden presentar alergia al jengibre. Esto puede manifestarse como erupciones cutáneas, picazón, hinchazón o dificultad para respirar. Si se experimenta alguna reacción alérgica, se debe buscar atención médica de inmediato.

### Contraindicaciones:

Existen contraindicaciones a tener en cuenta al utilizar el jengibre:

Trastornos de coagulación: Debido a su capacidad para inhibir la agregación plaquetaria, se debe tener precaución al consumir jengibre en personas que tienen trastornos de coagulación o que toman medicamentos anticoagulantes. Se recomienda consultar a un médico antes de usarlo.

Embarazo y lactancia: Aunque el jengibre se ha utilizado tradicionalmente para tratar las náuseas del embarazo, se recomienda precaución durante el embarazo y la lactancia. Se debe consultar a un médico antes de usarlo en estas etapas.

### Interacciones:

El jengibre puede interactuar con ciertos medicamentos y suplementos, por lo que es importante tener precaución al combinarlo con otros tratamientos. Algunas interacciones conocidas incluyen:

Anticoagulantes: Debido a su capacidad para inhibir la agregación plaquetaria, el jengibre puede aumentar el riesgo de sangrado al combinarse con medicamentos anticoagulantes como la warfarina. Se recomienda supervisión médica si se utilizan ambos tratamientos.

Antihipertensivos: El jengibre tiene efectos hipotensores, por lo que podría interactuar con medicamentos para la presión arterial alta. Se debe tener precaución y consultar a un médico antes de usar jengibre si se están tomando fármacos para la hipertensión.

## Lavanda o espliego (Lavandula angustifolia)

**Descripción:**

La lavanda, también conocida como espliego, es una planta perenne de la familia Lamiaceae que se caracteriza por sus flores fragantes de color violeta o lavanda. Es nativa de la región mediterránea, pero actualmente se cultiva en diversas partes del mundo debido a sus propiedades aromáticas y terapéuticas. La lavanda es una planta de tamaño medio, con hojas estrechas y lanceoladas, y tallos ramificados. Sus flores, que aparecen en espigas largas y delgadas, son la parte más distintiva y utilizada de la planta.

**Hábitat y cultivo:**

La lavanda se encuentra principalmente en áreas soleadas y secas. Prefiere suelos bien drenados y no tolera el exceso de humedad. Se cultiva en climas mediterráneos y también se ha adaptado con éxito en otras regiones, como el sur de Francia, Inglaterra y Estados Unidos. La lavanda es una planta resistente y se adapta bien a diferentes condiciones climáticas. Se propaga mediante semillas o esquejes y puede ser cultivada tanto en jardines como en macetas.

**Partes utilizadas:**

Son principalmente sus flores. Las flores se cosechan cuando están en plena floración y se secan para su posterior uso. También se pueden utilizar las hojas y los tallos, aunque las flores son las más apreciadas debido a su aroma y propiedades terapéuticas. La lavanda también es utilizada en la producción de aceite esencial, que se extrae de las flores mediante destilación al vapor.

**Componentes:**

La lavanda contiene una variedad de componentes que le confieren su aroma y propiedades terapéuticas. Entre los principales componentes se encuentran los aceites esenciales, como el linalol y el acetato de linalilo, que son responsables de su fragancia característica. También contiene compuestos como el cineol, el geraniol y el limoneno, entre otros. Estos componentes le otorgan propiedades relajantes, antiinflamatorias, analgésicas y antisépticas.

### Historia y tradición:
Se dice que su nombre proviene del latín "lavare", que significa "lavar". Los romanos utilizaban la lavanda en sus baños y como perfume. Durante la Edad Media, la lavanda se utilizaba como remedio natural para tratar diversas dolencias y enfermedades. Además, era utilizada para perfumar la ropa y repeler insectos. En la actualidad, la lavanda es ampliamente utilizada en la industria cosmética, en la aromaterapia y en la medicina herbal.

### Propiedades terapéuticas:
La lavanda es conocida por sus efectos relajantes y calmantes. Se utiliza comúnmente para aliviar el estrés, la ansiedad y el insomnio. El aroma de la lavanda tiene un efecto sedante y puede ayudar a inducir el sueño y mejorar la calidad del descanso. Además, la lavanda tiene propiedades antiinflamatorias y analgésicas, por lo que se utiliza para aliviar dolores musculares y articulares. También se ha utilizado para tratar problemas de piel, como quemaduras, heridas y picaduras de insectos, debido a sus propiedades antisépticas. El aceite esencial de lavanda se utiliza en masajes, baños relajantes, inhalaciones y en la fabricación de productos cosméticos y perfumes.

### Curiosidades:
Cabe destacar que es una de las plantas más utilizadas en aromaterapia debido a su aroma relajante. Su fragancia suave y floral ha sido asociada con la calma y la relajación, por lo que se utiliza ampliamente en productos para el baño y el cuidado personal, así como en ambientadores y velas aromáticas.

Otra curiosidad interesante es que la lavanda ha sido utilizada tradicionalmente como repelente de insectos. Su aroma fuerte y característico ayuda a mantener alejados a mosquitos y otros insectos molestos. Además, se ha descubierto que la lavanda puede ser utilizada para ahuyentar a las polillas y proteger la ropa de los daños causados por estos insectos.

### Efectos adversos o secundarios:
Se considera segura cuando se utiliza correctamente. Sin

embargo, algunas personas pueden ser alérgicas a la lavanda y experimentar reacciones alérgicas, como erupciones cutáneas, inflamación o dificultad para respirar. Por lo tanto, es importante realizar una prueba de parche antes de utilizar productos que contengan lavanda en la piel.

En casos poco frecuentes, el uso tópico de aceite esencial de lavanda puede causar irritación en la piel, especialmente si se utiliza en concentraciones altas o sin diluir. Es importante diluir adecuadamente el aceite esencial antes de su aplicación y evitar el contacto directo con los ojos y las membranas mucosas.

### Contraindicaciones:
Se recomienda evitar el uso de lavanda durante el embarazo, ya que puede estimular el útero y aumentar el riesgo de aborto espontáneo. Además, se debe tener precaución en personas con sensibilidad a los componentes de la lavanda, ya que pueden experimentar reacciones alérgicas.

### Interacciones:
Es importante tener en cuenta que el aceite esencial de lavanda puede interactuar con ciertos fármacos sedantes o depresores del sistema nervioso central, como los barbitúricos y los tranquilizantes. La lavanda puede potenciar los efectos sedantes de estos medicamentos, lo que puede causar somnolencia excesiva o dificultad para concentrarse.

## Lúpulo (Humulus lupulus)

### Descripción:
El lúpulo es una planta trepadora perenne que pertenece a la familia Cannabaceae. Tiene tallos largos y delgados que pueden alcanzar hasta 6 metros de altura. Las hojas son palmadas y dentadas, y las flores son pequeñas y de color verde amarillento. Las flores femeninas, llamadas "conos de lúpulo", son las partes más utilizadas de la planta.

### Hábitat y cultivo:
El lúpulo es originario de las regiones templadas del hemisferio norte, incluyendo Europa, Asia y América del Norte. Prefiere crecer en suelos bien drenados y ricos en nutrientes. Se cultiva principalmente en países con industrias cerveceras desarrolladas, como Alemania, Estados Unidos y la República Checa. El lúpulo necesita mucho sol y agua para crecer adecuadamente.

**Partes utilizadas:**

Las partes utilizadas del lúpulo son los conos de la planta, que son las estructuras parecidas a flores que se forman en los tallos femeninos. Los conos de lúpulo se cosechan en el momento adecuado, generalmente en el otoño, cuando están maduros y contienen la mayor cantidad de compuestos beneficiosos.

**Componentes:**

Contiene una variedad de compuestos químicos que le confieren sus propiedades terapéuticas y su sabor característico en la elaboración de cerveza. Entre los componentes más importantes se encuentran los ácidos alfa y beta, que contribuyen al amargor y la estabilidad de la cerveza. También contiene aceites esenciales, flavonoides y compuestos fenólicos.

**Historia y tradición:**

El uso del lúpulo en la fabricación de cerveza se remonta a miles de años atrás. Se cree que los antiguos egipcios ya lo utilizaban en sus cervezas. En Europa, su uso se popularizó en la Edad Media, ya que se descubrió que el lúpulo ayudaba a preservar la cerveza, aportaba sabor y aroma, y actuaba como agente clarificante. Hoy en día, el lúpulo es un ingrediente esencial en la mayoría de las cervezas modernas.

**Propiedades terapéuticas:**

El lúpulo tiene diversas propiedades terapéuticas que han sido utilizadas en la medicina tradicional. Se le atribuyen propiedades sedantes y relajantes, por lo que se ha utilizado para tratar el insomnio y la ansiedad. También se ha estudiado por sus posibles efectos antioxidantes, antiinflamatorios y anticancerígenos. Sin embargo, es importante tener en cuenta que la mayoría de las investigaciones se han centrado en la forma de suplementos de lúpulo y no en su consumo directo.

**Curiosidades:**

El lúpulo es mejor conocido por su uso en la elaboración de cerveza, ya que añade sabor, aroma y ayuda en la conservación de la bebida.

Se dice que fue utilizado por primera vez en la cerveza durante la Edad Media en Europa, aunque su uso en la fabricación de cerveza se ha vuelto más sofisticado a lo largo de los años.

Además de su uso en la cerveza, el lúpulo también se ha utilizado en la medicina tradicional para tratar el insomnio, la ansiedad y otros trastornos del sueño.

El lúpulo es una planta trepadora que puede crecer hasta 6 metros de altura y tiene flores de color verde amarillento que se asemejan a pequeños conos.

**Efectos adversos o secundarios:**
En general, el consumo de lúpulo se considera seguro en cantidades moderadas. Sin embargo, algunas personas pueden experimentar efectos adversos o secundarios:

Contiene fitoestrógenos, que son compuestos similares al estrógeno, por lo que las personas con condiciones sensibles a los estrógenos deben tener precaución al consumir lúpulo.

Algunas personas pueden experimentar reacciones alérgicas, como erupciones cutáneas, picazón, hinchazón o dificultad para respirar.

Además, esta planta tiene efectos sedantes, por lo que se recomienda evitar su consumo excesivo o combinarlo con fármacos o sustancias que también tengan efectos sedantes.

**Contraindicaciones:**
Aunque el consumo de lúpulo se considera seguro en general, existen algunas contraindicaciones a tener en cuenta.

Las mujeres embarazadas o en período de lactancia deben evitar el consumo de lúpulo, ya que no se ha establecido su seguridad en estas etapas.

Aquellas personas que tienen alergia conocida al lúpulo deben evitar su consumo.

También se recomienda precaución en personas con trastornos hormonales, sensibilidad a los estrógenos o antecedentes de cáncer relacionado con hormonas.

**Interacciones:**
El lúpulo puede interactuar con ciertos medicamentos y sustancias, lo que puede aumentar o disminuir su efectividad o causar efectos secundarios no deseados.

Puede potenciar los efectos sedantes de medicamentos como los somníferos, los antidepresivos o los analgésicos opioides.

Además, el lúpulo puede interactuar con medicamentos que se metabolizan en el hígado, como algunos anticoagulantes, antidepresivos y medicamentos para el tratamiento de trastornos hepáticos.

Si estás tomando medicamentos o tienes condiciones médicas específicas, es importante hablar con un profesional de la salud antes de consumir lúpulo para evitar interacciones negativas.

# Malva (Malva sylvestris)

**Descripción:**
La malva (Malva sylvestris) es una planta herbácea perenne perteneciente a la familia de las Malváceas. Tiene un tallo erecto

y ramificado que puede alcanzar una altura de hasta 1 metro. Sus hojas son grandes, palmadas y dentadas, con un color verde brillante. Las flores de la malva son en forma de embudo y varían en color, desde el rosa pálido hasta el púrpura intenso. Esta planta es conocida por su belleza y se utiliza tanto en jardines ornamentales como en la medicina tradicional.

### Hábitat y cultivo:
Es originaria de Europa y se encuentra comúnmente en praderas, bordes de caminos y terrenos baldíos. Se adapta a diferentes tipos de suelos, aunque prefiere aquellos bien drenados y ricos en nutrientes. Esta planta puede crecer en climas templados y cálidos, tolerando tanto el sol directo como la sombra parcial. La malva se propaga fácilmente a través de semillas y también puede ser cultivada a partir de esquejes.

### Partes utilizadas:
En la malva, se utilizan principalmente las hojas y las flores con fines medicinales. Las hojas se recolectan cuando la planta está en pleno crecimiento, mientras que las flores se recolectan cuando están completamente abiertas. Estas partes de la planta se secan y luego se utilizan para preparar infusiones, extractos o ungüentos.

### Componentes:
La malva contiene varios componentes bioactivos que le atribuyen sus propiedades terapéuticas. Entre ellos se encuentran los mucílagos, que son sustancias gelatinosas que tienen propiedades emolientes y suavizantes. También contiene flavonoides, antioxidantes y compuestos fenólicos, que pueden tener efectos antiinflamatorios y antioxidantes.

### Historia y tradición:
La malva ha sido utilizada durante siglos en la medicina tradicional de diferentes culturas. Se cree que los antiguos egipcios y griegos la utilizaban para tratar diversas afecciones, como enfermedades respiratorias, irritaciones cutáneas y problemas digestivos. Además, la malva ha sido considerada una planta sagrada en algunas tradiciones y se le atribuyen propiedades protectoras y mágicas.

### Propiedades terapéuticas:
La malva se utiliza en la medicina herbal debido a sus propiedades terapéuticas. Se le atribuyen propiedades antiinflamatorias, emolientes, suavizantes y cicatrizantes. Por lo tanto, se utiliza para tratar afecciones respiratorias como la tos y el resfriado, así como problemas digestivos como la gastritis y la

acidez estomacal. También se utiliza tópicamente para aliviar la irritación de la piel, como quemaduras leves, erupciones cutáneas y picaduras de insectos.

### Curiosidades:
La malva, también conocida como Malva sylvestris, es una planta herbácea perenne que tiene algunas curiosidades interesantes asociadas a ella. Por ejemplo, la malva ha sido utilizada desde la antigüedad por sus propiedades medicinales y se le atribuían propiedades mágicas y protectoras. Además, esta planta es conocida por su belleza, ya que produce flores vistosas en tonos que van desde el rosa claro hasta el púrpura intenso.

### Efectos adversos o secundarios:
Aunque la malva se considera generalmente segura, en casos raros pueden presentarse efectos adversos o secundarios. Algunas personas pueden experimentar reacciones alérgicas al entrar en contacto con la planta o al consumir sus partes. Además, el consumo excesivo de malva puede tener un efecto laxante y provocar diarrea. Es importante destacar que, al igual que con cualquier planta medicinal, es recomendable utilizarla con moderación y consultar a un profesional de la salud si se presentan efectos adversos.

### Contraindicaciones:
La malva no presenta contraindicaciones significativas, pero se recomienda precaución en ciertos casos. Por ejemplo, las personas con antecedentes de alergias o sensibilidad a otras plantas de la familia de las Malváceas pueden tener mayor riesgo de desarrollar reacciones alérgicas a la malva. Además, se aconseja evitar el uso de malva durante el embarazo y la lactancia, ya que no se han realizado suficientes estudios para determinar su seguridad en estas etapas.

### Interacciones:
La malva no se ha asociado con interacciones significativas con medicamentos o suplementos. Sin embargo, siempre es recomendable consultar a un profesional de la salud si se está tomando algún medicamento o si se tienen condiciones de salud preexistentes antes de utilizar la malva de forma terapéutica. Esto es especialmente relevante si se están tomando anticoagulantes u otros medicamentos que puedan tener interacciones con hierbas o plantas medicinales en general.

# Manzanilla (Matricaria chamomilla)

### Descripción:
La manzanilla es una planta herbácea anual que pertenece a la familia de las asteráceas. Tiene un tallo erecto y ramificado que puede alcanzar una altura de hasta 60 centímetros. Las hojas son finamente divididas y de color verde claro. Las flores de la manzanilla son pequeñas y tienen forma de margarita, con un centro amarillo rodeado de pétalos blancos. Al frotar las flores entre los dedos, se desprende un aroma distintivo a manzana.

### Hábitat y cultivo:
La manzanilla es nativa de Europa y se encuentra comúnmente en regiones de clima templado. Crece mejor en suelos bien drenados y ricos en nutrientes. Se puede encontrar en prados, campos, bordes de caminos y jardines. La manzanilla es una planta resistente y adaptable, y puede crecer en una amplia gama de condiciones. También se puede cultivar fácilmente a partir de semillas o mediante la división de plantas existentes.

### Partes utilizadas:
Las partes utilizadas de la manzanilla son las flores secas. Estas se recolectan cuando están completamente abiertas y se secan al aire para conservar sus propiedades terapéuticas. Las flores secas se utilizan para preparar infusiones, extractos, aceites esenciales y productos cosméticos.

### Componentes:
Esta planta contiene una variedad de componentes que le atribuyen sus propiedades terapéuticas. Entre ellos se encuentran los aceites esenciales, como el bisabolol y el óxido de azuleno, que tienen propiedades antiinflamatorias y calmantes. También contiene flavonoides, como la apigenina, que tienen propiedades antioxidantes y antiinflamatorias. Otros componentes presentes en la manzanilla incluyen ácido cafeico, cumarinas y polifenoles.

### Historia y tradición:
La manzanilla ha sido utilizada desde la antigüedad por diversas culturas debido a sus propiedades terapéuticas. Los antiguos egipcios la utilizaban en rituales religiosos y en el cuidado de la piel. También era conocida y utilizada en la medicina tradicional griega y romana. En la tradición popular, la manzanilla se ha asociado con propiedades calmantes y relajantes, y se ha utilizado para aliviar el estrés, la ansiedad y los trastornos del sueño.

**Propiedades terapéuticas:**
Es conocida por sus propiedades terapéuticas y se utiliza en la medicina herbal por sus diversos beneficios para la salud. Tiene propiedades antiinflamatorias, antioxidantes, antibacterianas, calmantes y digestivas. La manzanilla se utiliza comúnmente para aliviar el malestar estomacal, los cólicos, la indigestión y las náuseas. También se utiliza para aliviar el estrés, la ansiedad y promover la relajación. Además, se ha utilizado tópicamente para aliviar la irritación de la piel, las quemaduras leves y las afecciones cutáneas como la dermatitis y el eccema.

**Curiosidades:**
La manzanilla es una planta herbácea de la familia de las asteráceas que tiene algunas curiosidades interesantes asociadas a ella. Por ejemplo, su nombre proviene del griego "chamaimelon", que significa "manzana en tierra", debido a su aroma a manzana característico. Además, la manzanilla ha sido utilizada durante siglos en múltiples culturas por sus propiedades terapéuticas, y se considera una de las hierbas más antiguas y populares en la medicina herbal.

**Efectos adversos o secundarios:**
En general, la manzanilla se considera segura y bien tolerada. Sin embargo, en algunos casos, pueden presentarse efectos adversos o secundarios. Algunas personas pueden experimentar reacciones alérgicas al entrar en contacto con la planta o al consumir productos que la contienen. Además, el consumo excesivo de manzanilla puede causar molestias estomacales, náuseas o vómitos en algunas personas. Es importante tener en cuenta estos posibles efectos y, en caso de experimentarlos, suspender su uso y consultar a un profesional de la salud.

**Contraindicaciones:**
A pesar de ser generalmente segura, existen algunas contraindicaciones asociadas a su uso. Por ejemplo, las personas que tienen alergia a otras plantas de la familia de las asteráceas, como la ambrosía o el girasol, pueden tener mayor riesgo de desarrollar reacciones alérgicas a la manzanilla. Además, se recomienda precaución en mujeres embarazadas o en período de lactancia, ya que no se han realizado suficientes estudios para determinar su seguridad en estas etapas.

**Interacciones:**
En general, la manzanilla no se ha asociado con interacciones significativas con medicamentos. Sin embargo, siempre es recomendable consultar a un profesional de la salud si se está tomando algún medicamento o si se tienen condiciones de salud

preexistentes antes de utilizar la manzanilla con fines terapéuticos. Algunos estudios sugieren que la manzanilla puede tener efectos anticoagulantes leves, por lo que se debe tener precaución al combinarla con medicamentos anticoagulantes o antiplaquetarios.

# Melisa o toronjil (Melissa officinalis)

### Descripción:
La melisa es una planta herbácea perenne que pertenece a la familia de las Lamiáceas. Tiene un tallo cuadrangular y ramificado que puede alcanzar una altura de hasta 70 centímetros. Las hojas son opuestas, ovaladas y dentadas, de color verde claro. Las flores de la melisa son pequeñas, de color blanco o rosado, y se agrupan en espigas terminales. Al frotar las hojas entre los dedos, se desprende un aroma cítrico y fresco.

### Hábitat y cultivo:
La melisa es originaria de la región mediterránea, aunque actualmente se cultiva en diversas partes del mundo. Crece mejor en suelos bien drenados y ricos en nutrientes. Se puede encontrar en jardines, bordes de caminos y áreas silvestres. La melisa es una planta resistente y adaptable, y puede crecer en una amplia gama de condiciones. Se propaga fácilmente a través de semillas, esquejes o división de plantas existentes.

### Partes utilizadas:
Las partes utilizadas de la melisa son las hojas y los tallos. Estas se recolectan cuando la planta está en plena floración y se secan al aire para conservar sus propiedades terapéuticas. Las hojas y los tallos secos se utilizan para preparar infusiones, tinturas, aceites esenciales y productos cosméticos.

### Componentes:
Contiene una variedad de componentes que le atribuyen sus propiedades terapéuticas. Entre ellos se encuentran los aceites esenciales, como el citronelal, el citral y el geraniol, que le confieren su aroma cítrico característico y tienen propiedades sedantes y calmantes. También contiene flavonoides, como la luteolina y la apigenina, que tienen propiedades antioxidantes y antiinflamatorias. Otros componentes presentes en la melisa incluyen ácido rosmarínico, polifenoles y taninos.

### Historia y tradición:
La melisa ha sido utilizada desde la antigüedad por diversas

culturas debido a sus propiedades terapéuticas. En la antigua Grecia, se le atribuían propiedades para aliviar el estrés, la ansiedad y promover la relajación. También era conocida como "elixir de la juventud" debido a su capacidad para calmar el corazón y mejorar el estado de ánimo. En la medicina tradicional europea, la melisa se ha utilizado para tratar trastornos del sueño, problemas digestivos y afecciones del sistema nervioso.

### Propiedades terapéuticas:

Esta planta es conocida por sus propiedades terapéuticas y se utiliza en la medicina herbal por sus diversos beneficios para la salud. Se le atribuyen propiedades sedantes, calmantes, anti-espasmódicas, carminativas y digestivas. La melisa se utiliza comúnmente para aliviar el estrés, la ansiedad, el insomnio y promover la relajación. También se utiliza para aliviar los trastornos digestivos, como la indigestión, los gases y los cólicos. Además, se ha utilizado tópicamente para aliviar la irritación de la piel, las picaduras de insectos y las afecciones cutáneas leves.

### Curiosidades:

Ha sido utilizada desde la antigüedad por sus propiedades terapéuticas, pero también tiene algunas curiosidades interesantes. Por ejemplo, su nombre científico, Melissa officinalis, proviene del griego "melissa", que significa abeja, ya que esta planta atrae a las abejas debido a su aroma y néctar. Otro dato curioso es que la melisa se ha utilizado tradicionalmente como repelente de insectos, especialmente mosquitos y moscas. Además, se ha utilizado en la fabricación de perfumes y productos cosméticos debido a su agradable aroma cítrico.

### Efectos adversos o secundarios:

En general, se considera segura cuando se utiliza correctamente y en dosis adecuadas. Sin embargo, algunas personas pueden experimentar efectos adversos. Estos pueden incluir irritación gastrointestinal, como náuseas, vómitos o diarrea, especialmente cuando se consume en grandes cantidades. También se han reportado casos de alergias cutáneas en personas sensibles a la planta. En casos muy raros, se han reportado efectos sedantes excesivos o somnolencia en algunas personas. Si se experimenta alguno de estos efectos adversos, es recomendable suspender el uso de la melisa y consultar a un profesional de la salud.

### Contraindicaciones:

Aunque se considera segura en general, existen algunas contraindicaciones a tener en cuenta. No se recomienda su uso en mujeres embarazadas o en período de lactancia, ya que no hay suficiente evidencia sobre su seguridad en estos casos. También se debe tener precaución en personas que tienen alergia a otras plantas de la familia de las Lamiáceas, como la menta o el orégano, ya que pueden ser más propensas a desarrollar reacciones alérgicas. Además, debido a sus propiedades sedantes, se recomienda evitar su consumo antes de conducir o realizar actividades que requieran atención y concentración.

### Interacciones:

La melisa puede interactuar con ciertos medicamentos y hierbas, por lo que es importante tener precaución en caso de estar tomando otros tratamientos. Puede potenciar los efectos sedantes de los medicamentos para dormir o los tranquilizantes, lo que puede causar somnolencia excesiva. También puede interactuar con fármacos anticoagulantes, como la warfarina, y aumentar el riesgo de sangrado. Por lo tanto, es recomendable consultar a un profesional de la salud antes de combinar la melisa con otros medicamentos o hierbas para evitar posibles interacciones.

# Menta (Mentha)

### Descripción:

La menta, científicamente conocida como Mentha, es un género de plantas herbáceas perennes de la familia de las Lamiáceas. Existen muchas variedades de menta, pero generalmente se caracterizan por tener tallos cuadrados, hojas opuestas y flores pequeñas agrupadas en inflorescencias.

### Hábitat y cultivo:

Es una planta que se encuentra principalmente en regiones de clima templado, aunque algunas especies pueden adaptarse a climas más cálidos. Prefiere suelos húmedos y fértiles, y crece mejor en áreas con buena exposición al sol o sombra parcial. La menta se cultiva fácilmente tanto en jardines como en macetas, y se propaga mediante esquejes o división de raíces.

### Partes utilizadas:

Tanto las hojas como las flores son utilizadas con fines medicinales y culinarios. Las hojas suelen ser más aromáticas y se utilizan frescas o secas para hacer infusiones, tés, condimentos y aceites esenciales. Las flores también se utilizan, aunque en menor medida, en la preparación de infusiones y como decoración en platos culinarios.

### Componentes:

La menta contiene una variedad de componentes químicos que le confieren sus propiedades aromáticas y terapéuticas. Estos incluyen mentol, mentona, limoneno, carvona y cineol, entre otros compuestos volátiles. Además, contiene flavonoides, antioxidantes y ácidos fenólicos, que contribuyen a sus propiedades medicinales.

### Historia y tradición:

Ha sido utilizada desde la antigüedad por diversas culturas en todo el mundo. Se cree que su uso medicinal se remonta a la antigua Grecia y Roma, donde se utilizaba para tratar problemas digestivos y respiratorios. También se empleaba en rituales religiosos y como adorno en coronas y guirnaldas. A lo largo de la historia, la menta ha sido apreciada por su aroma refrescante y propiedades curativas.

### Propiedades terapéuticas:

La menta posee diversas propiedades terapéuticas que la hacen valiosa en la medicina tradicional y alternativa. Entre sus beneficios se incluyen:

Alivio de problemas digestivos como indigestión, náuseas y dolor abdominal.

Calmante de dolores de cabeza y migrañas.

Descongestionante y expectorante en casos de resfriados y congestión nasal.

Propiedades antimicrobianas y antiinflamatorias.

Estimulación de la digestión y aumento del apetito.

Efecto relajante y alivio del estrés y la ansiedad.

### Curiosidades:

Es ampliamente conocida por su aroma refrescante y su sabor distintivo. Se utiliza en una variedad de productos, como dulces, chicles, caramelos y productos para el cuidado bucal.

Existen muchas variedades de menta, como la menta verde, la menta piperita, la menta de manzana y la menta chocolate, cada una con su propio aroma y sabor característicos.

La menta ha sido utilizada desde la antigüedad no sólo por sus propiedades medicinales, sino también como planta ornamental y como repelente natural de insectos.

Algunas especies de menta, como la menta piperita, contienen altas concentraciones de mentol, lo que les confiere un efecto refrescante y calmante.

La menta se ha utilizado tradicionalmente en la medicina herbal para tratar problemas digestivos, dolores de cabeza, síntomas de resfriado y congestión nasal, entre otros.

### Efectos adversos o secundarios:

En general, la menta es segura y bien tolerada por la mayoría de las personas cuando se consume en cantidades normales como parte de la dieta. Sin embargo:

En dosis muy altas o en personas sensibles, la menta puede causar efectos adversos como acidez estomacal, ardor de estómago, irritación del tracto gastrointestinal o reflujo ácido.

Algunas personas pueden experimentar alergias a la menta, lo que puede provocar síntomas como erupciones cutáneas, picazón, hinchazón o dificultad para respirar.

El aceite esencial de menta, cuando se aplica directamente sobre la piel en concentraciones altas, puede causar irritación o sensibilidad cutánea en algunas personas.

### Contraindicaciones:

Aunque la menta es generalmente segura, existen algunas contraindicaciones a tener en cuenta:

Las personas que padecen enfermedades gastroesofágicas como enfermedad de reflujo gastroesofágico (ERGE) o úlcera péptica pueden experimentar empeoramiento de los síntomas si consumen menta, debido a su efecto relajante en el esfínter esofágico inferior.

Las personas con trastornos de la vesícula biliar también deben tener precaución, ya que la menta puede estimular la producción de bilis y desencadenar síntomas en algunos casos.

En casos muy raros, la menta piperita puede causar un síndrome de intestino irritable (SII) en personas susceptibles.

### Interacciones:

La menta puede interactuar con ciertos medicamentos, por lo que es importante tener precaución y consultar con un profesional de la salud si se están tomando medicamentos específicos.

El mentol presente en la menta puede aumentar la absorción de algunos medicamentos, lo que podría resultar en niveles más altos de los mismos en el cuerpo.

Algunos medicamentos que pueden interactuar con la menta incluyen los bloqueadores de los canales de calcio, los inhibidores de la bomba de protones (IBP) y los anticoagulantes.

# Pasiflora (Passiflora caerulea o P. incarnata)

### Descripción:

La Passiflora caerulea, comúnmente conocida como pasiflora o flor de la pasión, es una planta trepadora originaria de América del Sur. Pertenece a la familia Passifloraceae y se caracteriza por sus flores exóticas y vistosas, que suelen tener tonalidades azules o púrpuras. Estas flores presentan una estructura única con numerosos estambres y un pistilo central, rodeados por una corona de filamentos en forma de rayos.

### Hábitat y cultivo:
La pasiflora se encuentra principalmente en regiones tropicales y subtropicales de América del Sur, incluyendo países como Brasil, Argentina y Paraguay. Esta planta prefiere suelos ligeros y bien drenados, así como climas cálidos y húmedos. Es común encontrarla en áreas boscosas y a lo largo de riberas de ríos.

En cuanto al cultivo, la pasiflora puede ser cultivada en jardines tanto como planta ornamental como para su aprovechamiento medicinal. Se propaga a través de semillas o esquejes, y requiere de un soporte para trepar, como una cerca o una estructura enrejada. Además, es una planta resistente y de bajo mantenimiento, lo que la hace accesible para jardineros aficionados.

### Partes utilizadas:
En la pasiflora, las partes utilizadas con fines medicinales son principalmente las hojas y las flores. Las hojas se recolectan cuando la planta está en pleno crecimiento y se secan para su posterior uso. Las flores también se recolectan en su estado fresco y se pueden utilizar tanto solas como en combinación con las hojas.

### Componentes:
La pasiflora contiene una variedad de componentes químicos que le confieren sus propiedades terapéuticas. Entre los componentes más destacados se encuentran los alcaloides, flavonoides, cumarinas y aceites esenciales. Algunos de los compuestos específicos presentes en la planta incluyen la harmalina, la vitexina, la isovitexina y la quercetina.

### Historia y tradición:
Ha sido utilizada durante siglos por las culturas indígenas de América del Sur por sus propiedades medicinales. Los nativos la empleaban para aliviar el insomnio, la ansiedad y los trastornos nerviosos. En el siglo XVI, los colonizadores españoles descubrieron las propiedades sedantes de la pasiflora y la llevaron a Europa, donde se popularizó como planta ornamental.

### Propiedades terapéuticas:
La pasiflora se ha utilizado tradicionalmente como sedante natural y para aliviar los síntomas del estrés, la ansiedad y el insomnio. Sus componentes químicos tienen efectos calmantes

sobre el sistema nervioso central, ayudando a reducir la excitación y promoviendo la relajación.

### Curiosidades:

La pasiflora es conocida como "flor de la pasión" debido a la creencia de que su estructura floral representa la Pasión de Cristo. Los elementos de la flor, como los filamentos que se asemejan a una corona de espinas y los estambres que simbolizan los clavos, han llevado a esta asociación simbólica.

Algunas especies de pasiflora, incluida la Passiflora caerulea, producen frutos comestibles conocidos como maracuyá, que son populares en la cocina tropical.

La pasiflora es una planta atractiva para las mariposas, que se sienten atraídas por sus flores coloridas y su néctar abundante.

### Efectos adversos o secundarios:

En general, la pasiflora se considera segura cuando se utiliza correctamente. Sin embargo, en algunos casos, pueden presentarse efectos adversos, especialmente cuando se consume en dosis elevadas. Algunos de los posibles efectos secundarios incluyen somnolencia, mareos, confusión, náuseas y vómitos. Estos efectos suelen ser leves y desaparecen rápidamente.

### Contraindicaciones:

Aunque la pasiflora es ampliamente tolerada, existen algunas contraindicaciones y precauciones a tener en cuenta:

Embarazo y lactancia: No se recomienda el uso de pasiflora durante el embarazo y la lactancia debido a la falta de estudios que respalden su seguridad en estas etapas.

Problemas hepáticos: Se debe tener precaución en personas con enfermedades hepáticas, ya que algunos informes sugieren que la pasiflora puede tener efectos hepatotóxicos en casos muy raros.

Intolerancia individual: Algunas personas pueden experimentar reacciones alérgicas a la pasiflora. Si se presentan síntomas como erupciones cutáneas, hinchazón o dificultad para respirar, se debe suspender su uso y buscar atención médica.

### Interacciones:

La pasiflora puede interactuar con ciertos medicamentos, por lo que es importante tener en cuenta las siguientes precauciones:

Depresores del sistema nervioso central: Debido a sus efectos sedantes, la pasiflora puede potenciar los efectos de fármacos o sustancias que actúan como depresores del sistema nervioso central, como los sedantes, los antidepresivos y los tranquilizantes.

Medicamentos anticoagulantes: La pasiflora puede aumentar el riesgo de sangrado cuando se toma junto con medicamentos anticoagulantes o antiplaquetarios, como la warfarina o la aspirina.

Medicamentos para la presión arterial: Existe la posibilidad de que la pasiflora pueda potenciar los efectos de los medicamentos para la presión arterial, lo que podría resultar en una disminución excesiva de la presión arterial.

# Regaliz (Glycyrrhiza glabra)

### Descripción:
El regaliz, científicamente conocido como Glycyrrhiza glabra, es una planta perenne que pertenece a la familia de las leguminosas. Tiene un tallo erecto y ramificado, que puede alcanzar una altura de hasta 1 metro. Sus hojas son pinnadas, con folíolos alargados y de color verde brillante. Las flores del regaliz son pequeñas y de color violeta o azul pálido, agrupadas en racimos. La parte más utilizada de la planta es su raíz, la cual es gruesa, fibrosa y de color marrón oscuro.

### Hábitat y cultivo:
El regaliz es nativo de regiones cálidas y templadas de Europa y Asia, pero actualmente se cultiva en diversas partes del mundo. Prefiere suelos bien drenados y fértiles, y puede crecer tanto en zonas soleadas como semi-sombreadas. La planta requiere de un clima con temperaturas moderadas y una buena cantidad de agua para su crecimiento óptimo. El regaliz puede propagarse a través de semillas o mediante división de raíces.

### Partes utilizadas:
La parte más utilizada de la planta de regaliz es su raíz, la cual contiene la mayoría de sus componentes beneficiosos. Sin embargo, también se pueden utilizar las hojas y los tallos en menor medida, aunque no son tan comunes. La raíz se recolecta cuando la planta tiene al menos tres años de edad, generalmente en otoño, y se seca para su posterior uso.

### Componentes:
La raíz de regaliz contiene una variedad de componentes beneficiosos para la salud. Uno de los principales componentes es la glicirricina, un compuesto que le confiere su sabor dulce característico. También contiene flavonoides, saponinas, cumarinas, aceites esenciales y fitoesteroles. Estos compuestos tienen propiedades antioxidantes, antiinflamatorias, antimicrobianas y antivirales, entre otras.

**Historia y tradición:**
El regaliz tiene una larga historia de uso en la medicina tradicional de diversas culturas. Se cree que fue utilizado por primera vez en la antigua Mesopotamia hace más de 4.000 años. Tanto los egipcios como los griegos y los romanos valoraban el regaliz por sus propiedades medicinales y su sabor dulce. En la medicina tradicional china, el regaliz se ha utilizado durante siglos como un tónico para el sistema respiratorio y digestivo. Además, el regaliz también ha sido utilizado en la fabricación de dulces, caramelos y productos de confitería debido a su sabor dulce y característico.

**Propiedades terapéuticas:**
El regaliz tiene una amplia gama de propiedades terapéuticas que lo hacen valioso en la medicina natural. Se utiliza principalmente como antiinflamatorio, expectorante y digestivo. Se ha utilizado para aliviar afecciones respiratorias, como el resfriado, la tos, la bronquitis y el asma, debido a sus propiedades expectorantes y calmantes para los pulmones. También se utiliza para aliviar problemas digestivos, como la acidez estomacal, la indigestión, las úlceras y los espasmos intestinales. Además, el regaliz se ha utilizado tradicionalmente como un tónico para el hígado, los riñones y las glándulas suprarrenales. Sin embargo, es importante tener en cuenta que, debido a su contenido de glicirricina, el consumo excesivo y prolongado de regaliz puede tener efectos adversos, especialmente en personas con ciertas condiciones de salud, como la hipertensión o la insuficiencia renal. Por lo tanto, es recomendable utilizar el regaliz con precaución y bajo la supervisión de un profesional de la salud.

**Curiosidades:**
El regaliz, también conocido como Glycyrrhiza glabra, es una planta perenne que ha sido utilizada con diversos propósitos a lo largo de la historia. Una curiosidad interesante sobre el regaliz es su nombre científico, Glycyrrhiza, que proviene del griego y significa "raíz dulce". Esto se debe a que la raíz de regaliz tiene un sabor dulce y se ha utilizado tradicionalmente como edulcorante natural en diversas preparaciones culinarias y productos medicinales. Además, el regaliz también ha sido utilizado en la fabricación de productos de tabaco, como cigarrillos y chicles.

**Efectos adversos o secundarios:**
Aunque el regaliz se considera seguro cuando se consume en cantidades moderadas, su consumo excesivo puede tener efectos adversos. Uno de los principales componentes del regaliz es la glicirricina, que puede causar retención de líquidos y elevar la

presión arterial en algunas personas. Esto puede ser especialmente preocupante para aquellos que ya sufren de hipertensión o problemas cardíacos. Además, el consumo prolongado y excesivo de regaliz puede causar desequilibrios electrolíticos, como la disminución de los niveles de potasio en el cuerpo. También se han reportado casos de daño renal y hormonal en personas que han consumido grandes cantidades de regaliz durante períodos prolongados.

### Contraindicaciones:

Tiene algunas contraindicaciones importantes a tener en cuenta. No se recomienda su consumo en el embarazo, ya que la glicirricina puede atravesar la placenta y afectar al feto. Tampoco se recomienda su consumo durante la lactancia, ya que algunos componentes del regaliz pueden pasar a la leche materna. Además, las personas que sufren de hipertensión, enfermedades cardíacas, insuficiencia renal, trastornos hormonales o diabetes deben evitar o limitar su consumo debido a los posibles efectos adversos.

### Interacciones:

El regaliz puede interactuar con ciertos medicamentos y hierbas, lo que puede potenciar o disminuir su efecto. Por ejemplo, el consumo de regaliz puede aumentar los efectos de los medicamentos que se utilizan para tratar la hipertensión, lo que puede llevar a una caída peligrosa de la presión arterial. También puede interactuar con medicamentos anticoagulantes, como la warfarina, y aumentar el riesgo de sangrado. Además, el regaliz puede interferir con algunos medicamentos utilizados para tratar la diabetes, ya que puede afectar los niveles de azúcar en sangre. Por lo tanto, es importante consultar a un profesional de la salud antes de combinar el regaliz con otros medicamentos para evitar posibles interacciones.

# Salvia (Salvia officinalis)

### Descripción:

La salvia, científicamente conocida como Salvia officinalis, es una planta perenne que pertenece a la familia de las Lamiáceas. Es originaria de la región mediterránea, pero se ha cultivado y utilizado en todo el mundo por sus propiedades medicinales y culinarias. La salvia es conocida por sus hojas oblongas y su característico aroma herbal. Puede alcanzar una altura de hasta 60 cm y produce pequeñas flores de color violeta, rosa o blanco durante la primavera y el verano.

### Hábitat y cultivo:

La salvia prefiere crecer en climas cálidos y soleados, aunque también puede adaptarse a climas más fríos. Se puede encontrar en estado silvestre en las laderas secas y rocosas del Mediterráneo, pero también se cultiva ampliamente en jardines y huertos. La planta requiere un suelo bien drenado y tolera condiciones de sequía moderada. Es común encontrar salvia en regiones mediterráneas, América del Norte y Central, así como en algunas partes de Asia.

### Partes utilizadas:

En la salvia, las partes más utilizadas son las hojas. Estas hojas contienen los compuestos medicinales y aromáticos que le confieren sus propiedades. Se recolectan antes de la floración para mantener la concentración de principios activos. Las hojas pueden utilizarse frescas o secas en diversas preparaciones medicinales, culinarias y cosméticas.

### Componentes:

La salvia contiene una variedad de componentes químicos que contribuyen a sus propiedades terapéuticas. Entre los componentes clave se encuentran los aceites esenciales, como el cineol, el borneol y el alcanfor, que le dan su aroma distintivo. Contiene flavonoides, taninos y ácidos fenólicos, que actúan como antioxidantes y tienen propiedades antiinflamatorias y antimicrobianas.

### Historia y tradición:

La salvia ha sido utilizada durante siglos en diversas culturas debido a sus propiedades medicinales. Los antiguos griegos y romanos consideraban la salvia como una planta sagrada y la utilizaban en ceremonias religiosas. También la utilizaban para tratar dolencias del sistema digestivo y trastornos femeninos. En la Edad Media, la salvia se asociaba con la longevidad y se creía que tenía propiedades protectoras contra el mal. Ha sido un ingrediente popular en la cocina mediterránea y se ha utilizado en la preparación de infusiones, tónicos y ungüentos.

### Propiedades terapéuticas:

Posee diversas propiedades terapéuticas. Tradicionalmente, se ha utilizado para aliviar problemas digestivos, como indigestión, flatulencia y espasmos estomacales. También se ha utilizado para tratar afecciones respiratorias, como la tos y el resfriado común. Además, se le atribuyen propiedades antimicrobianas, antiinflamatorias y antioxidantes. Algunos estudios sugieren que la salvia puede mejorar la salud cerebral y la memoria, aunque se necesita más investigación en este campo.

**Curiosidades:**

Es una planta perenne que pertenece a la familia de las Lamiáceas. Es nativa de la región mediterránea y se ha cultivado durante siglos por sus propiedades medicinales y culinarias.

El nombre científico "Salvia officinalis" deriva del término latino "salvare", que significa "salvar" o "curar". Esto refleja la larga historia de uso medicinal asociada con esta planta.

Es conocida por su aroma distintivo y su sabor ligeramente amargo. Es un ingrediente común en la cocina mediterránea y se utiliza en platos como sopas, guisos, adobos y salsas.

Además de su uso culinario, se ha utilizado tradicionalmente para tratar una variedad de dolencias, como problemas digestivos, inflamación de las encías, trastornos respiratorios y trastornos menstruales.

**Efectos adversos o secundarios:**

Aunque la salvia es generalmente segura cuando se consume en cantidades moderadas, puede tener algunos efectos adversos:

Algunas personas pueden experimentar irritación gastrointestinal al consumir salvia en grandes cantidades.

En raras ocasiones, el consumo excesivo de salvia puede provocar convulsiones en personas susceptibles.

Se ha informado de reacciones alérgicas a la salvia en algunas personas sensibles. Si experimentas síntomas como erupciones cutáneas, picazón o dificultad para respirar después de consumir salvia, es importante buscar atención médica.

**Contraindicaciones:**

Aunque la salvia se considera generalmente segura, hay algunas situaciones en las que se recomienda precaución o evitar su consumo.

Las mujeres embarazadas o en período de lactancia deben evitar el consumo de salvia, ya que puede tener efectos hormonales y estimular las contracciones uterinas.

Las personas que tienen trastornos convulsivos o antecedentes de convulsiones deben evitar la salvia, ya que puede desencadenar convulsiones en casos raros.

Aquellos que están programados para someterse a cirugía deben suspender el uso de la salvia al menos dos semanas antes de la operación, ya que puede interferir con la coagulación sanguínea.

**Interacciones:**

La salvia puede interactuar con ciertos medicamentos o sustancias, lo que puede aumentar o disminuir su efectividad o causar efectos secundarios no deseados.

La salvia tiene propiedades anticoagulantes, por lo que puede aumentar el riesgo de sangrado cuando se combina con medicamentos anticoagulantes como la warfarina.

También se ha informado de interacciones entre la salvia y medicamentos sedantes, como los barbitúricos o los benzodiazepinas, lo que puede potenciar sus efectos sedantes.

# Tila o tilo (Tilia platyphyllos o T. cordata)

### Descripción:
La tila, también conocida como tilo, es un árbol de hoja caduca que pertenece al género Tilia y a la familia de las Malvaceae. Es originario de Europa, aunque se ha extendido a otras partes del mundo debido a su popularidad como árbol ornamental y medicinal. La tila es conocida por su tamaño moderado, alcanzando alturas de hasta 25-30 metros. Sus hojas son en forma de corazón y de color verde brillante, y sus flores son pequeñas y fragantes, de color blanco o amarillo pálido.

### Hábitat y cultivo:
La tila se encuentra principalmente en regiones templadas de Europa, Asia y América del Norte. Prefiere suelos fértiles y bien drenados, y suele crecer en bosques mixtos, márgenes de ríos y áreas montañosas. Es un árbol resistente que se adapta bien a diferentes condiciones climáticas.

En cuanto al cultivo, la tila se puede propagar a través de semillas o mediante la plantación de esquejes. Es una planta de crecimiento lento, pero puede vivir durante muchos años. La tila es apreciada en jardines y parques por su sombra refrescante y sus flores fragantes.

### Partes utilizadas:
Las partes de la tila utilizadas con fines medicinales son principalmente las flores y las hojas. Las flores se recolectan durante el verano, cuando están en plena floración, y se secan para su posterior uso. Las hojas también se pueden recolectar durante esta época y se secan antes de su utilización.

### Componentes:
La tila contiene una variedad de componentes activos que contribuyen a sus propiedades terapéuticas. Estos incluyen flavonoides, como la quercetina y el kaempferol, así como compuestos volátiles, aceites esenciales y taninos. Estos componentes le confieren a la tila propiedades sedantes, antiespasmódicas, antioxidantes y antiinflamatorias.

### Historia y tradición:
La tila tiene una larga historia de uso en la medicina tradicional y la cultura popular. En Europa, se ha utilizado durante siglos como remedio natural para tratar el estrés, la ansiedad, los trastornos del sueño y los problemas digestivos. Además de sus propiedades medicinales, la tila también ha sido valorada por su agradable aroma y se ha utilizado en infusiones, tés y productos cosméticos.

### Propiedades terapéuticas:
La tila es conocida por sus propiedades relajantes y sedantes, lo que la convierte en una opción popular para aliviar la ansiedad, el insomnio y el estrés. Los compuestos presentes en la tila tienen efectos calmantes sobre el sistema nervioso, ayudando a reducir la excitación y promoviendo la relajación. Además, la tila también tiene propiedades antiespasmódicas, por lo que se utiliza para aliviar los calambres musculares y los trastornos digestivos.

### Curiosidades:
El nombre científico del género Tilia proviene del término griego "ptilon", que significa "alas", haciendo referencia a las brácteas que rodean el fruto de la tila y que se asemejan a alas.

En algunas culturas europeas, se considera que es un árbol sagrado y se le atribuyen propiedades místicas y protectoras.

En la antigua Grecia, se creía que las hojas de tila tenían el poder de atraer a las abejas, por lo que se utilizaban en rituales para promover la producción de miel.

La tila ha sido utilizada históricamente para elaborar instrumentos musicales, como laúdes y guitarras, debido a la calidad y resonancia de su madera.

### Efectos adversos o secundarios:
La tila generalmente se considera segura cuando se consume en cantidades moderadas. Sin embargo, en algunos casos, pueden presentarse efectos adversos o secundarios, especialmente si se ingiere en grandes cantidades. Algunos de los posibles efectos secundarios incluyen somnolencia, mareos, confusión, dolor de cabeza y náuseas. Estos efectos suelen ser leves y desaparecen rápidamente.

### Contraindicaciones:
Si bien la tila es ampliamente tolerada, existen algunas contraindicaciones y precauciones que se deben tener en cuenta:

Embarazo y lactancia: No se recomienda el consumo de tila durante el embarazo y la lactancia debido a la falta de estudios que respalden su seguridad en estas etapas.

Alergias: Algunas personas pueden ser alérgicas a la tila, especialmente a sus flores o polen. Si se presentan síntomas como erupciones cutáneas, hinchazón o dificultad para respirar, se debe suspender su consumo y buscar atención médica.

**Interacciones:**
La tila puede interactuar con ciertos medicamentos, por lo que es importante tener en cuenta las siguientes precauciones:

Medicamentos sedantes: Debido a sus propiedades sedantes, la tila puede potenciar los efectos de medicamentos que actúan como sedantes, como los barbitúricos, los benzodiazepinas y los antihistamínicos.

Medicamentos anticoagulantes: Existe la posibilidad de que la tila pueda aumentar el riesgo de sangrado cuando se toma junto con medicamentos anticoagulantes o antiplaquetarios, como la warfarina o la aspirina.

Medicamentos para la presión arterial: Puede interactuar con medicamentos para la presión arterial, potenciando sus efectos y causando una disminución excesiva de la presión arterial.

# Valeriana (Valeriana officinalis)

**Descripción:**
La valeriana, cuyo nombre científico es Valeriana officinalis, es una planta herbácea perenne que pertenece a la familia Valerianaceae. Se caracteriza por sus tallos erectos, hojas compuestas y pequeñas flores blancas o rosadas agrupadas en inflorescencias. Las hojas de la valeriana son opuestas y tienen un aspecto plumoso, mientras que las flores son pequeñas y fragantes. La planta puede alcanzar una altura de hasta 1 metro y tiene un olor característico, un tanto desagradable, que se intensifica cuando se seca.

**Hábitat y cultivo:**
La valeriana es originaria de Europa y Asia, pero actualmente se encuentra en diversas regiones del mundo. Crece de forma silvestre en praderas húmedas, bosques y orillas de ríos. En cuanto a su cultivo, la valeriana se puede cultivar en climas templados y frescos, preferiblemente en suelos bien drenados y ricos en nutrientes. Se propaga mediante semillas o división de las raíces y requiere cuidado y paciencia, ya que puede tardar varios años en alcanzar su pleno crecimiento y desarrollar sus propiedades medicinales.

**Partes utilizadas:**

Son principalmente las raíces y, en menor medida, las partes aéreas de la planta, como las hojas y los tallos. Las raíces se recolectan y se secan para su posterior uso en preparaciones herbales. Las raíces de la valeriana son gruesas, fibrosas y tienen un aroma fuerte y característico. Las partes aéreas también se pueden utilizar frescas o secas, pero generalmente contienen una menor concentración de los compuestos activos.

### Componentes:
Entre los principales componentes se encuentran los valerenoides, que son compuestos volátiles que tienen efectos sedantes y ansiolíticos. También contiene aceites esenciales, como el ácido valeriánico y el borneol, que contribuyen a su aroma característico y tienen propiedades relajantes y calmantes.

### Historia y tradición:
La valeriana tiene una larga historia de uso en la medicina tradicional de diversas culturas. Se cree que los antiguos griegos y romanos ya utilizaban la valeriana para tratar trastornos del sueño, ansiedad y problemas digestivos. Además, en la medicina tradicional china, la valeriana se ha utilizado durante siglos para tratar el insomnio, la agitación y los dolores de cabeza.

A lo largo de los años, ha sido objeto de numerosas leyendas y supersticiones. Se decía que la valeriana tenía propiedades mágicas y se utilizaba para alejar a los malos espíritus y proteger contra la brujería. Incluso se creía que si se plantaba valeriana cerca de la casa, atraería el amor y la felicidad.

### Propiedades terapéuticas:
Se ha demostrado que tiene efectos sedantes, calmantes y relajantes. Se usa principalmente como ayuda para conciliar el sueño y mejorar la calidad del mismo, especialmente en casos de insomnio leve a moderado. También se ha utilizado para aliviar la ansiedad, el estrés y los síntomas de la depresión. Además, puede ayudar a aliviar los dolores de cabeza, los espasmos musculares y los problemas digestivos, como la indigestión y los cólicos.

### Curiosidades:
Hay algunos aspectos interesantes que vale la pena destacar. Por ejemplo, el nombre "valeriana" proviene del latín "valere", que significa "estar saludable" o "tener fuerza". Esto se debe a que la planta ha sido utilizada durante siglos por sus propiedades medicinales para promover la relajación y el bienestar.

Otra curiosidad es que la valeriana ha sido utilizada desde la antigüedad como un repelente natural de insectos. Se creía que su aroma fuerte y característico alejaba a los mosquitos y otros insectos indeseables, por lo que se colocaban ramas de valeriana en ventanas y puertas para protegerse de las picaduras.

### Efectos adversos o secundarios:
En general se considera una planta segura cuando se utiliza correctamente. Sin embargo, algunas personas pueden experimentar efectos secundarios leves, como somnolencia, mareos, dolor de cabeza o malestar estomacal. Estos efectos secundarios suelen ser temporales y desaparecen una vez que se suspende el uso de la planta.

En raras ocasiones, se han reportado casos de reacciones alérgicas, que pueden manifestarse como erupciones cutáneas, picazón o dificultad para respirar. Si se presentan estos síntomas, se debe suspender el uso de la valeriana y buscar atención médica de inmediato.

### Contraindicaciones:
Se recomienda evitar el uso de valeriana durante el embarazo y la lactancia, ya que no se dispone de suficiente evidencia científica para garantizar su seguridad en estas etapas. Además, se debe tener precaución en personas con enfermedades renales o hepáticas, ya que algunos estudios sugieren que la valeriana puede tener efectos sobre estas funciones del organismo.

También se recomienda evitar el consumo excesivo de valeriana, ya que puede causar somnolencia excesiva y dificultad para concentrarse. Se debe tener cuidado al conducir u operar maquinaria después de tomar valeriana, ya que puede afectar la capacidad de reacción.

### Interacciones:
Se ha observado que la planta puede potenciar los efectos sedantes de los medicamentos que actúan sobre el sistema nervioso central, como los tranquilizantes, los antidepresivos o los hipnóticos. Por lo tanto, es importante tener precaución al combinar la valeriana con estos medicamentos, ya que puede aumentar la somnolencia o la falta de concentración.

Además, la valeriana puede interactuar con medicamentos que se metabolizan en el hígado, como los anticoagulantes, los anticonvulsivos o los medicamentos para el cáncer. Puede afectar la forma en que el cuerpo procesa estos fármacos y potencialmente alterar su eficacia o aumentar los efectos secundarios.

# BIBLIOGRAFIA Y ESTUDIOS CIENTIFICOS

1. "Plantas medicinales: El Dioscórides renovado" - Pío Font Quer
2. "Herbal Medicine: Biomolecular and Clinical Aspects" - Iris F. F. Benzie y Sissi Wachtel-Galor
3. "Adaptogens: Herbs for Strength, Stamina, and Stress Relief" - David Winston y Steven Maimes
4. "Healing Herbs: A Beginner's Guide to Identifying, Foraging, and Using Medicinal Plants" - Tina Sams
5. "The Encyclopedia of Medicinal Plants" - Andrew Chevallier
6. "La guía de hierbas medicinales" - C.P. Khare
7. "Plantas medicinales: Uso tradicional y potencial en salud" - José Luis Castillo y María del Rayo Camacho
8. "The Green Pharmacy: Herbal Remedies for Common Diseases and Conditions" - James A. Duke
9. "The Complete Guide to Adaptogens: From Ashwagandha to Rhodiola" - Agatha Noveille
10. "Botanical Medicine for Women's Health" - Aviva Romm
11. "Herbal Remedies for Anxiety: The Ultimate Guide" - Charles W. Fetters
12. "The Healing Power of Herbs: The Enlightened Person's Guide to the Wonders of Medicinal Plants" - Michael T. Murray
13. "Herbal Treatment of Major Depression: Scientific Basis and Practical Use" - Scott D. Mendelson
14. "Medicinal Plants of the World" - Ben-Erik van Wyk y Michael Wink
15. "The Essential Guide to Herbal Safety" - Simon Y. Mills y Kerry Bone
16. "The Modern Herbal Dispensatory: A Medicine-Making Guide" - Thomas Easley y Steven Horne
17. "Herbs for Stress & Anxiety: How to Make and Use Herbal Remedies to Strengthen the Nervous System" - Rosemary Gladstar
18. "Plantas que curan, plantas que matan" - Nicolás Olea
19. "The Herbal Apothecary: 100 Medicinal Herbs and How to Use Them" - J.J. Pursell
20. "Natural Medicines Comprehensive Database" - Therapeutic Research Faculty

**ESTUDIOS CIENTÍFICOS**
1. "A Randomized, Double-Blind, Placebo-Controlled Study of a High-Concentration Ashwagandha Extract on Stress and Anxiety in Adults" - Chandrasekhar, K. et al.
2. "Effect of Withania somnifera (Ashwagandha) on the Development of Tolerance and Dependence in Morphine Addicted Mice" - Bhattacharya, S.K., and Muruganandam, A.V.
3. "A Prospective, Randomized Double-Blind, Placebo-Controlled Study of Safety and Efficacy of a High-Concentration Full-Spectrum Extract of Ashwagandha Root in Reducing Stress and Anxiety in

Adults" - Pratte, M.A. et al.
4. "Chamomile (Matricaria recutita) May Have Antidepressant Activity in Anxious, Depressed Humans: An Exploratory Study" - Amsterdam, J.D. et al.
5. "An Exploratory Study of Chamomile (Matricaria recutita) Extracts for the Treatment of Generalized Anxiety Disorder" - Mao, J.J. et al.
6. "Antidepressant Activity of Chamaemelum nobile in Mice Models of Anxiety and Depression" - Asuero, A.G. et al.
7. "GABA Supplementation Improves Psychological and Physical Stress in College Students" - Abdou, A.M. et al.
8. "The Effect of GABA Ingestion on the Brain and the Body" - Nakamura, H. et al.
9. "The Effects of GABA and L-theanine on the Sleep of Children with ADHD and Anxiety" - Lyon, M.R. et al.
10. "Lavender and the Nervous System" - Koulivand, P.H. et al.
11. "Lavender Oil for Anxiety and Depression" - Woelk, H. y Schläfke, S.
12. "Efficacy of Silexan in Mixed Anxiety-Depression–A Reanalysis of an Open-Label Study Using an Artificial Intelligence-Based Data Analytics Approach" - Kasper, S. et al.
13. "L-theanine and its Effect on Mental State" Dietz, C. y Dekker, M
14. "L-Theanine Reduces Psychological and Physiological Stress Responses" - Kimura, K. et al.
15. "L-theanine, a Natural Constituent in Tea, and its Effect on Mental State" - Nathan, P.J. et al.
16. "Role of Magnesium in the Pathogenesis and Treatment of Mood Disorders" - Eby, G.A. y Eby, K.L.
17. "Rapid Recovery from Major Depression Using Magnesium Treatment" - Eby, G.A. y Eby, K.L.
18. "Magnesium in the Central Nervous System" - Vink, R. y Nechifor, M.
19. "Melatonin for Anxiety: A Systematic Review and Meta-Analysis of Randomized Controlled Trials" - Ferracioli-Oda, E. et al.
20. "Melatonin and Its Possible Mechanisms in the Management of Anxiety Disorders" - Pandi-Perumal, S.R. et al.
21. "Melatonin, Anxiety, and Mood: A Review of the Clinical Evidence and Biological Mechanisms" - Srinivasan, V. et al.
22. "Passiflora Incarnata in the Treatment of Generalized Anxiety: A Pilot Double-Blind Randomized Controlled Trial with Oxazepam" - Akhondzadeh, S. et al.
23. "Passionflower in the Treatment of Generalized Anxiety: A Pilot Double-Blind Randomized Controlled Trial with Oxazepam" - Movafegh, A. et al.
24. "The Anxiolytic Effect of Passionflower (Passiflora incarnata) in Rats" - Dhawan, K. et al.
25. "Double-Blind Randomized Trial of the Effect of Eschscholzia californica and Hawthorn on Anxiety Disorders" - Hanus, M. et al.
26. "Eschscholzia californica Cham. (California Poppy) for Anxiety: A Randomized, Placebo-Controlled Trial" - Bézard, E. et al.
27. "The Anxiolytic Effect of California Poppy Extract in Mice" -

Rolland, A. et al.
28. "The Antidepressant and Anxiolytic Effects of Angelica archangelica L. Root Extract: A Randomized, Double-Blind, Placebo-Controlled Clinical Trial" - Pashinian, G.A. et al.
29. "Anxiolytic Effect of Angelica archangelica Root Extract in the Elevated T-Maze Test" - Pashinian, G.A. et al.
30. "The Role of Angelica Extract in the Modulation of Anxiety-Like Behavior in Mice" - Choi, J.G. et al.
31. "The Anxiolytic Effect of Citrus aurantium L. (Bitter Orange) Flowers in Mice" - Pultrini, A. de M. et al.
32. "Aromatic Compounds from Citrus aurantium L. Possess Anxiolytic Properties" - Costa, C.A.R.A. et al.
33. "Anxiolytic-Like Effect of Citrus aurantium L. on Wistar Rats" - Carvalho-Freitas, M.I. y Costa, M.
34. "Hawthorn Extract: Anxiolytic Effects in a Double-Blind, Placebo-Controlled Study" - Hanus, M. et al.
35. "The Potential Role of Hawthorn in the Treatment of Anxiety: A Systematic Review" - Tassell, M.C. et al.
36. "Hawthorn (Crataegus spp.) in the Treatment of Anxiety: A Randomized Clinical Trial" - Dias, A.S. et al.
37. "Evaluation of Frangula alnus on Anxiety and Depression in Rats" - Sadeghi, H. et al.
38. "Frangula alnus: Effects on Anxiety and Depression in Animal Models" - Kooti, W. et al.
39. "The Anxiolytic and Antidepressant Effects of Frangula bark Extract" - Salem, M.L. et al.
40. "Anxiolytic Effects of Foeniculum vulgare (Fennel) on the Elevated Plus-Maze Model of Anxiety in Mice" - Malhotra, S. et al.
41. "Fennel Oil and Its Anxiolytic Effects in Mice" - Ranjith, A. et al.
42. "Foeniculum vulgare (Fennel) and Its Anxiolytic Effects in Animal Studies" - Choi, E.M. et al.
43. "The Antidepressant and Anxiolytic Effects of Hypericum perforatum" - Linde, K. et al.
44. "St John's Wort for Major Depression: A Systematic Review and Meta-Analysis of Randomized Controlled Trials" - Ng, Q.X. et al.
45. "The Use of St. John's Wort in Anxiety and Depression: A Review" - Kasper, S. et al.
46. "Ginger (Zingiber officinale) and Its Anxiolytic Effects: A Review" - Ali, B.H. et al.
47. "Anxiolytic Effect of Ginger in Animal Models" - Ojewole, J.A.O.
48. "Ginger and Its Anxiolytic Properties in the Treatment of Anxiety" - Zadeh, J.B. y Kor, N.M.
49. "Lupulinic Acid from Hops (Humulus lupulus) as a Potential Anxiolytic Agent" - Franco, L. et al.
50. "The Anxiolytic Effects of Hops (Humulus lupulus) on the Elevated Plus Maze Test" - Zanoli, P. et al.
51. "Humulus lupulus (Hops) in the Treatment of Anxiety: A Randomized Double-Blind Study" - Schiller, H. et al.
52. "Anxiolytic and Sedative Activity of Malva sylvestris" - De Souza, M.M. et al.

53. "The Effects of Malva sylvestris on Anxiety-Like Behavior in Mice" - Hasani-Ranjbar, S. et al.
54. "Sedative and Anxiolytic Effects of Malva sylvestris in the Elevated Plus Maze" - Kaur, G. et al.
55. "Melissa officinalis (Lemon Balm) in the Treatment of Anxiety: A Systematic Review" - Kennedy, D.O. et al.
56. "Lemon Balm for Anxiety and Stress: A Randomized, Double-Blind, Placebo-Controlled Study" - Cases, J. et al.
57. "The Anxiolytic Effects of Melissa officinalis in the Treatment of Patients with Mild to Moderate Anxiety Disorders" - Akhondzadeh, S. et al.
58. "Anxiolytic Effects of Mentha piperita (Peppermint) in Animal Models" - Kapp, K. et al.
59. "Peppermint Oil and Its Anxiolytic Effects in Mice" - Kennedy, D.O. et al.
60. "Cognitive and Mood Effects of Peppermint and Rosemary Aromas in Healthy Volunteers" - Moss, M. et al.
61. "Glycyrrhiza glabra (Licorice) as an Anti-Anxiety Treatment" - Ranjbar, S. et al.
62. "Anxiolytic and Antidepressant Effects of Glycyrrhizic Acid in Mice" - Gong, L. et al.
63. "The Anxiolytic Effect of Licorice Extract in Rats" - Yamada, H. et al.
64. "Efficacy of Sage (Salvia officinalis) in the Treatment of Anxiety" - Kennedy, D.O. et al.
65. "The Anxiolytic Effects of Salvia officinalis in Animal Models" - Lima, C.F. et al.
66. "The Use of Salvia Extracts in the Management of Anxiety Disorders" - Perry, E.K. et al.
67. "Tilia Tomentosa: A Review of Its Anxiolytic Effects" - Della Loggia, R. et al.
68. "Anxiolytic and Sedative Effects of Tilia tomentosa in Mice" - Carlini, E.A. et al.
69. "The Anxiolytic and Sedative Effects of Tilia platyphyllos in Rats" - Bilia, A.R. et al.
70. "Efficacy of Valerian Extract in the Treatment of Anxiety Disorders: A Systematic Review" - Miyasaka, L.S. et al.
71. "Valerian Root Extract and Its Anxiolytic Effects in Human Volunteers" - Andreatini, R. et al.
72. "Valerian (Valeriana officinalis) in the Treatment of Anxiety: A Randomized Double-Blind Placebo-Controlled Study" - Bent, S. et al.
73. "The Anxiolytic and Sedative Effects of Valerian (Valeriana officinalis) Extract in the Elevated Plus Maze Test" - Murphy, K. et al.
74. "The Role of Ginseng (Panax ginseng) in the Modulation of Anxiety and Stress" - Reay, J.L. et al.
75. "Anxiolytic Effects of Panax ginseng in Animal Models" - Kim, H.G. et al.
76. "Ginseng's Efficacy in Reducing Stress and Anxiety in Healthy Adults" - Reay, J.L. et al.
77. "Rhodiola rosea for the Treatment of Stress and Anxiety" -

Edwards, D. et al.
78. "The Anxiolytic and Antidepressant Effects of Rhodiola rosea in Animal Models" - Perfumi, M. y Mattioli, L.
79. "The Use of Rhodiola rosea for Anxiety: A Systematic Review" - Ishaque, S. et al.
80. "Bacopa monnieri and Its Anxiolytic Properties: A Review" - Stough, C. et al.
81. "The Anxiolytic Effects of Bacopa monnieri in Human Volunteers" - Calabrese, C. et al.
82. "Bacopa monnieri's Efficacy in Reducing Anxiety and Improving Cognitive Function" - Roodenrys, S. et al.
83. "The Anti-Anxiety and Cognitive-Enhancing Effects of Centella asiatica" - Wijeweera, P. et al.
84. "Centella asiatica for Anxiety: Evidence from Preclinical Studies" - Gray, N.E. et al.
85. "The Anxiolytic and Cognitive Benefits of Centella asiatica in Elderly Volunteers" - Kumar, V. y Gupta, Y.K.
86. "The Effect of Kava (Piper methysticum) Extract on Anxiety: A Meta-Analysis of Randomized Controlled Trials" - Pittler, M.H. y Ernst, E.
87. "Kava as an Anxiolytic Agent in the Treatment of Anxiety Disorders" - Sarris, J. et al.
88. "The Anxiolytic Effects of Piper methysticum in Animal Models" - Singh, Y.N. et al.
89. "The Use of Skullcap (Scutellaria lateriflora) in the Treatment of Anxiety" - Wolfson, P. y Hoffmann, D.L.
90. "Anxiolytic Properties of Scutellaria lateriflora in Animal Models" - Awad, R. et al.
91. "Skullcap's Efficacy in Reducing Anxiety in Human Clinical Trials" - Brock, C. et al.
92. "The Anxiolytic Effects of Saffron (Crocus sativus) in Clinical Trials" - Hosseinzadeh, H. et al.
93. "Saffron for the Treatment of Anxiety and Depression: A Systematic Review" - Lopresti, A.L. y Drummond, P.D.
94. "The Antidepressant and Anxiolytic Properties of Crocus sativus: A Review of the Literature" - Moshiri, E. et al.
95. "The Anxiolytic Effects of Maca (Lepidium meyenii) in Animal Models" - Rubio, J. et al.
96. "Maca Root's Efficacy in Reducing Anxiety in Human Studies" - Gonzales, G.F. et al.
97. "The Use of Maca (Lepidium meyenii) for Anxiety and Stress Management" - Stone, M. et al.
98. "The Effects of Chamomile on Anxiety and Depression: A Systematic Review" - Srivastava, J.K. et al.
99. "Chamomile Tea and Its Anxiolytic Effects in Human Volunteers" - Zick, S.M. et al.
100. "The Anxiolytic and Antidepressant Effects of Matricaria chamomilla in Animal Models" - Srivastava, J.K. et al.